お客さまの"生の声"を聞く

インタビュー調査の すすめ方

福井遥子 著

実務教育出版

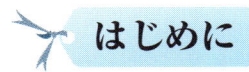# はじめに

　企業のマーケティング活動が顧客重視の傾向になればなるほど、"お客さまの声"は何ものにも代え難い貴重な情報源ととらえられるようになってきました。
　昨今は、「お客さまの生の声をもっと自分の仕事に活用したいのですが、具体的にどのようにしたらいいでしょうか？」という相談を受けることが多くなりました。

　これまで、消費者へのインタビュー調査などは「プロのリサーチ会社に任せるもの」という認識が一般的でした。
　しかし、外部の会社に調査を委託すると費用も時間もかかるため、自分たちで試行錯誤を重ねながら"手づくり感たっぷり"の調査を行って仕事に役立てようとしている人たちが、業界や職種を問わずたくさんいらっしゃいます。
　こうしたビジネス現場で実務に関わる方々にとって参考となる調査ノウハウをお伝えしようと思い、本書を執筆しました。

　書店にはマーケティングリサーチ関連の本が数多く並んでいます。しかし、アンケート調査のような定量的アプローチとちがって、インタビュー調査のような定性的アプローチについては、手法の簡単な紹介に留まるものやコラム的にさらりと触れられているものが多く、具体的な方法まで知ることはできません。
　定性調査に特化した専門書もありますが、リサーチを本業とする人向けで、一般の人にはむずかしすぎる内容です。

　私はユニ・チャームをはじめ、消費財メーカーで商品開発とマーケティン

グの仕事に10年以上関わってきた経験があります。
　その当時、私自身も「プロのリサーチャー向けでなく、自分のような実務担当者向けにまとめられたインタビュー調査の実務書があればいいのに……」と、ずいぶん思ったものです。

　メーカー勤務の後、グループインタビューなどの定性調査をメインとするリサーチ会社、(株)マーケティングコンセプトハウスでインタビュー調査の経験を積みました。
　「商品開発・マーケティング」と「リサーチ」という2つの分野の実務経験をベースに本書をまとめましたが、極力むずかしい専門用語を使わず、身近な事例や実際のケースを数多く盛り込んで、わかりやすさを心がけました。
　そして、ただ「お客さまの声」を聞き出すインタビューのノウハウだけでなく、さまざまな発言情報をどう分析し、実際にビジネスの課題解決や戦略づくりに活用していくかというテーマについても多くのページを割きました。

　ぜひ、次のような方々にお読みいただければと思います。
　　・商品開発・マーケティング担当者
　　・企画担当者
　　・企業内リサーチャー(調査担当者)
　　・広告宣伝担当者
　　・小規模企業の経営者、個人事業主

＊

　本書の内容構成は、次のとおりです。

　Part1～2では、インタビュー調査とはどういうものか、そこから得られる情報がどう仕事に役立つか、実務担当者自らが調査を行うとどんなメリットが

あるかについて、事例を織り交ぜながら説明します。

　Part3〜5では、「商品開発」、「デザイン、広告」、「不振脱出」という3つのビジネス課題を取り上げ、インタビュー調査をどのように活用していくかを具体的に述べます。

　Part6〜10では、企画〜実施〜分析〜戦略立案のステップに沿って、インタビュー調査の実際のすすめ方について紹介します。
　準備の段取りや上手に話を聞き出すインタビューノウハウ、発言内容を分析し役立つ情報を抽出するノウハウ、戦略への生かし方など、役立つ情報が満載です。ぜひ参考にしてください。

　最後にケーススタディとして、実際に私がコンサルティングに関わったケースをご紹介します。
　ビジネスの立ち上げ時に消費者へのインタビュー調査を行い、実行戦略に反映させていった過程をリアルに感じていただけると思います。

*

　最後にこの場を借りて、本書の刊行にあたりお世話になった方々へ、お礼を申し上げたいと思います。

　株式会社実務教育出版の方々、とくに編集者の島田哲司様には本書の企画から編集全般にわたって大変お世話になりました。
　ユニ・チャーム株式会社でのマーケティング実務経験と上司、先輩、同僚の方々からいただいたご指導が本書の執筆を含めて私の仕事人生の大きな土台となっています。心から感謝いたします。
　株式会社シービックでは「ブリタ」をはじめ数々のブランド・マネジャー経

験から、大企業とは異なる中小規模の企業ならではのマーケティングの実際を学ばせていただきました。

　株式会社マーケティングコンセプトハウスでは、梅澤伸嘉先生、山口博史様、中山幹生様をはじめ先輩方から定性リサーチの実務をご教授いただきました。そのときの経験が本書に大いに生かされています。

　「ジェイディ」の花谷珠里様には、ご自身の経験を本書の中でケースとして紹介することをご快諾いただきました。リアルな実践事例が加わることで、実務書としての厚みが増しました。

　いつも私を支えてくれる夫と子どもたち、そして父母に心より感謝します。ありがとうございました。

　　　2010年4月

　　　　　　　　　　　　　　　　　　　　　　　　　　　　　　福井遥子

CONTENTS

お客さまの"生の声"を聞く　インタビュー調査のすすめ方

はじめに

Part 1　「お客さまの声」に耳を傾ければ、こんなにいいことが……

1　「目からウロコ」の消費者インタビュー調査
- 「インタビュー」というマーケティング調査手法 …………… 2
- 大ショックを受けたインタビュー調査の思い出 …………… 2
- 消費者の"生の声"は宝の山 ………………………………… 5
- 現状分析にもっと「WET情報」を ………………………… 6

2　話を聞くことで、見えてくるものがある
- 調査結果に一喜一憂するだけではもったいない ………… 8
- 業界関係者の話ばかり聞いていませんか？ ……………… 11
- 「モノがよい」、「使えばよさがわかる」は当たり前 ……… 13

3　「とりあえず、アンケート」の限界
- アンケートでは想定の範囲外の結果は得られない ……… 15
- "理由"を読み取ることの大切さ …………………………… 16
- アンケートとインタビューを使い分ける ………………… 17

Part 2　調査会社に頼まず、自分たちでできる消費者インタビュー調査

1　実務担当者が自ら調査をするメリット
- まずは、社員を集めて話を聞いてみる …………………… 20
- インタビューの実施で、社員の関心も高まる …………… 21
- 外部への委託調査と自前の調査を使い分ける …………… 22

2　1対1の個別インタビューから始めよう
- グループインタビューはある程度の訓練が必要 ………… 24
- 個別インタビューのメリットとデメリット ……………… 25

3 インタビュー調査を行う目的
- "アタリ"をつける情報を得て「仮説」を抽出する ……… 27
- "理由情報"を得てロジカルに「仮説」を検証する ……… 28
- 新鮮なアイデアがほしいときにブレインストーミング ……… 30
- さまざまなビジネス課題に役立つインタビュー調査 ……… 31

Part 3　インタビュー調査の活用(1)――商品開発の情報収集

1 インタビューから「消費者ニーズを見極める」
- 満たされていない人びとのニーズを探る ……… 34
- 未充足ニーズは行動に表れる ……… 35
- BE・DO・HAVEの3つのニーズを見極める ……… 37
- 「ムダ毛を処理したい」という気持ちのBEニーズとは ……… 39

2 インタビューから「魅力的なコンセプトをつくる」
- 消費者の声を聞きながら、コンセプトのブラッシュアップを ……… 41
- 生活をリアルに想像することでコンセプトが浮かぶ ……… 42
- 消費者にとっての「ならではの価値」を考える ……… 42

3 インタビューから「プロダクトの開発につなげる」
- コンセプトが魅力的かどうかが大前提 ……… 44
- プロダクト開発段階のインタビュー調査のやり方 ……… 44
- できるだけ現実に近い状況で使ってもらう ……… 46

Part 4　インタビュー調査の活用(2)――デザイン、広告の情報収集

1 インタビューから「よりよいデザインをつくる」
- パッケージデザインの評価に有効なインタビュー調査 ……… 50
- デザイン評価における確認ポイント ……… 52
- 「パッと見の印象」を大切にする ……… 52
- つくり手、売り手には、さまざまな思い込みがある ……… 54
- 事前調査を怠ると、高い代償を支払う羽目に ……… 55

- ホームページも思い込みだけでつくらない ･････････････ 56

2 インタビューから「効果的な広告戦略を考える」
- 理解されない、誤解される広告表現にしないために ･･････ 58
- 伝えたいブランドイメージを決めるヒントに ･･････････････ 60
- 消費者のありのままの受けとめ方を把握する ･････････････ 61

Part 5　インタビュー調査の活用(3)──不振脱出への突破口を探る

1 インタビューから「顧客満足度を高めるヒントを得る」
- トライアル重視からリピート重視の時代へ ････････････････ 64
- お客さまのタイプに応じた対応を探る ･･･････････････････ 65
- リピート客を増やすには、きめ細かい対応が必要 ･･･････ 67

2 インタビューから「商品が売れない原因を探る」
- お客さまのタイプごとのギャップを探る ･･･････････････････ 70
- トライアルの阻害要因を明らかにする ･････････････････････ 71
- リピート阻害要因はまず、商品に問題がないかを疑う ･･･ 72
- ターゲットの見直しを迫られる場合もある ････････････････ 73
- 環境の変化がリピートの阻害要因になることも ･･･････････ 74

3 インタビューから「リニューアルを成功させるヒントを得る」
- 商品のリニューアルで避けたい既存顧客離れ ･･･････････ 76
- 「変えてもいい部分」と「変えてはいけない部分」を見極める･･ 77
- 意図的にターゲットを変更するリニューアルのケース ････ 78

Part 6　お客さまへのインタビュー調査を企画しよう

1 実り多きインタビューにするためのステップ
- 大きな流れは、①企画→②実施→③分析 ････････････････ 80
- 調査を戦略立案につなげなければ意味がない ･･････････ 80
- インタビュー企画の3つのステップ ･･････････････････････ 82

2 企画のステップ1：ビジネス課題を見極める
- ビジネス課題にもとづいて調査課題を設定 ……… 83
- 「わかっていること」と「わかっていないこと」を整理 ……… 84

3 企画のステップ2：誰に、何を聞くかを決める
- ターゲットに近い人に話を聞くのが基本 ……… 86
- ユーザーに聞くか、非ユーザーに聞くか ……… 86
- ユーザーの声を聞きすぎることの危険性 ……… 88
- 「何を聞くか」を考える ……… 88

4 企画のステップ3：企画書を作成する
- ビジネス課題を踏まえて、知りたいことを整理 ……… 90
- インタビューの台本があると、何かと便利 ……… 92
- インタビューフローに基本的な流れを明記 ……… 95
- どういう順序で話を聞いていくか ……… 96
- 確認ポイント、時間配分もインタビューフローに入れる ……… 98

Part 7　インタビュー実施に向けた準備の段取り

1 インタビューの対象者、場所、日程を決める
- 献立が出来上がったら、材料の買出しへ ……… 102
- インタビューに応じてくれる人をリクルーティングする ……… 102
- インタビューの場所を決める ……… 103
- インタビューの実施日時を決める ……… 105

2 前日までにやっておくべき準備事項
- インタビューの相手へ案内を送る ……… 107
- インタビューの場で見てもらうものを準備する ……… 107
- できれば、インタビューのリハーサルを ……… 109
- インタビューの前日にやること ……… 110

3 インタビュー当日の段取り
- 安心、リラックスできるような配慮を ……… 113

- インタビューを記録に残す ……………………………… 114

Part 8　上手に話を聞き出すインタビューの実践ノウハウ

1 インタビューの流れと基本的な心がまえ
- 実務担当者自身がインタビューをするメリット ………… 120
- インタビュー全体の流れ ………………………………… 121
- インタビュアーとしての基本的な心がまえ …………… 121

2 話の聞き出し方の基本的なコツ
- いかにして有益な情報を語ってもらうか ……………… 123
- 質問はオープンクエスチョンで ………………………… 124
- ホンネを語らせる聞き方のコツ ………………………… 126
- 笑顔と「あなたの意見は大事」という気持ちを忘れない … 128

3 言葉で表現しにくいことを聞く場合の手法
- インタビューでよく用いられる「投影的手法」 ………… 130
- 投影的手法①──コラージュ法 ………………………… 131
- 投影的手法②──擬人法 ………………………………… 133
- 投影的手法③──マッピング法 ………………………… 134

Part 9　発言内容を分析し、役立つ情報を抽出するステップ

1 情報収集だけで満足してはいけない
- 「消費者の生の声を聞けて満足」ではもったいない …… 138
- 「分析」に魔法のようなテクニックはない ……………… 139
- インタビューで得られた発言情報を分析するステップ … 140

2 分析ステップ1：発言録の作成
- なぜ、発言録の作成が必要なのか ……………………… 142
- 分析に不可欠な「事実」の記録 …………………………… 143
- 発言録を作成するうえでの留意点 ……………………… 143

3 分析ステップ2：発言情報を分ける
- 発言情報を分ける切り口は企画書にある 145
- 調査課題ごとに発言情報を分ける 146
- 発言情報の整理作業をする際の留意点 147
- 手書き作業とパソコン利用の作業 149

4 分析ステップ3：整理した情報を解釈する
- 「そこから何が言えるのか」を読み取る 151
- 各調査課題と調査目的に対しての答えを書き出す 152

5 役立つ情報を抽出するための視点
- さまざまな発言をどう受けとめるか 154
- 本質をつかむための着眼点とは 155

6 発言情報分析のケーススタディ
- インタビュー調査の企画段階 157
- STEP1：発言録の作成 159
- STEP2：発言情報を分けて整理する 161
- STEP3：整理した情報を解釈する 162

Part 10　消費者インタビュー調査を戦略の立案に生かそう

1 「消費者の声」から具体的な方向性を導き出す
- そもそも調査は戦略立案のために行うことが前提 166
- まずは企画書に立ち返り、仮説を確認 167
- 方向性を導き出す切り口の求め方 168

2 アンケートを実施し、情報を検証する
- 定性調査と定量調査 172
- インタビュー調査は万能ではない 173
- アンケートの選択肢づくりにインタビュー情報を活用 174

3 調査で得た情報を戦略立案に生かす視点
- 確実に言い切れなくても、推測は大事な情報 176

- 完璧な戦略を求めず、走りながら軌道修正 ……………… 177
- 明らかになった課題にすべて取り組む必要はない ……… 178
- 消費者の言いなりになる必要はない ……………………… 178
- ファンの声に応えすぎると過剰品質に …………………… 179
- 「どのような人向けの戦略か」を意識する ……………… 182
- 「発想のジャンプ」にも根拠が必要 ……………………… 183
- 書き出されないことは、実行されない …………………… 185

【ケーススタディ】

マタニティ専門のウェディングドレスショップの開業に向けて

- ビジネスを立ち上げるきっかけ …………………………… 188
- 事業コンセプトの検討 ……………………………………… 190
- 調査企画の立案 ……………………………………………… 192
- インタビュー相手のリクルーティング …………………… 193
- インタビューの実施 ………………………………………… 193
- インタビュー後の分析 ……………………………………… 194
- 戦略の立案 …………………………………………………… 196
- 実行プランの策定 …………………………………………… 198
- やるべきことの実行 ………………………………………… 200
- ホームページの制作 ………………………………………… 201
- 開業後の状況 ………………………………………………… 205

装幀：城田真由美／イラスト：久保久男

Part 1

「お客さまの声」に耳を傾ければ、こんなにいいことが……

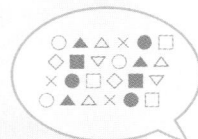
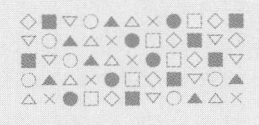

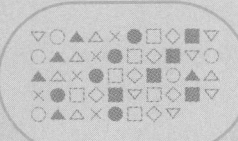

①「目からウロコ」の消費者インタビュー調査

❗「インタビュー」というマーケティング調査手法

　私は、日用品や消費財のメーカーでマーケターとして商品開発やマーケティング戦略に関わってきましたが、そのスタートはユニ・チャーム勤務でした。

　この会社では何をするにも、「まず、消費者の声を聞け！」、「迷ったら消費者に聞け！」が合い言葉。マーケティング調査の大切さを徹底的にたたき込まれたものです。

　ありがたいことに、仕事を通していろいろな調査手法を勉強させてもらいましたが、そのなかでも「**グループインタビュー**」という座談会形式の手法が、その後の私の仕事に大いに役立ちました。

　グループインタビューはマーケティング調査では非常によく使われる手法です。一般の消費者を5、6名程度集め、あらかじめ聞きたいテーマについて司会者がヒアリングしていきます。

　たとえば、自社商品を買ってくれた人が対象であれば、「なぜ、競合商品の中から選んだのか？」、「普段どのように使っているのか？」といったことを聞きます。

　まだ商品を買ったことがない人が対象だったり、新規商品の場合は、その商品が属する市場全体についての印象や、試作品を見せて「買いたいと思うか？」といった点を確認していきます。

❗大ショックを受けたインタビュー調査の思い出

　インタビュー調査では忘れられない思い出があります。

　ユニ・チャームから転職してポット型浄水器「ブリタ」のブランド・マネ

ジャー（ブランドが売れるための仕組みづくりを管理し、売上げ・利益責任を持つ職種）になったときのことです。

いまは日本でも定着して、多くのお客さまが使うようになりましたが、その頃「ブリタ」は売上げ不振でした。いまでもよく覚えていますが、体育館ほどの大きな倉庫に、製造元のドイツブリタ社から輸入した商品が天井まで積み上がっていました。

社内では「販売店舗数が少ないからだ」、「広告の出来がよくないからだ」といった意見が飛び交っていました。

確かにそのとおりとも考えられましたが、いずれも社内側から見た推測ばかりです。肝心の買い手側の情報が不足していました。

私は、「なぜ売れないのか？」という売上げ不振の原因と解決策を探るために、「消費者のありのままの声を聞くことが必要だ」と強く感じました。

そして、グループインタビューを実施したのです。

下の写真が「ブリタ」です。みなさんは、これがどんな商品だと思いますか？

どんな商品だと思いますか？

すでにご存知の方には浄水器に見えるかもしれません。でも、何の前情報もなくこれを見たらどんなふうに思うでしょうか？

　実際のインタビューでは、「ブリタ」のことを知らない出席者から「これって何？」、「冷水ポット？」という声が相次ぎました。

　そう、商品の性能うんぬんよりも、そもそも"浄水器というカテゴリーの商品であること"すらわからなかったのです。

　これは、販売側である私たちにとって大変なショックでした。それまで、まさか消費者が浄水器であることに気がつかないなんて、夢にも思っていなかったからです。

　「これを見れば、だれでも浄水器であることはわかる」と無意識に思っていましたし、その前提で「こんな機能があるんです」、「こんな特殊な素材を使っているんです」という特長をパッケージや広告で一生懸命訴えていました。

　消費者は、それがナニモノであるか、その実体がわからなければ興味を示しません。「ブリタ」でいえば、まず"浄水器であること"が、消費者に興味を持ってもらうための前提条件といえます。

　浄水器であることがわからないのに、具体的な特長を聞いても、消費者にとっては耳に入らず、興味を感じたり、ましてや買いたいと思うことはないのです。

　売上げは伸び悩んでいましたが、私たちは「ブリタ」という商品には自信を持っていました。実際、購入者の満足度は高く、取替フィルター・カートリッジのリピート率も高かったからです。

　問題は、最初にいかに「ブリタ」本体を買ってもらうか、というトライアル（初回購入）にありました。

　それまでの担当者は、「ブリタの浄水機能のよさが伝わっていない」と考えて、他の浄水器との差別点を訴求していました。

しかし、真のトライアル阻害の原因は、「そもそも浄水器に見えていなかったこと」にあったのです。

インタビューを実施して、私たちはやっとそのことに気づいたのです。

⚠️ 消費者の"生の声"は宝の山

私の経験談のように、企業側が提供している商品やメッセージに対して、消費者が誤解をしているケースはとても多いものです。

企業側が「知っていて当たり前」、「わかって当然」と思っていることも、消費者は案外わかっていないものです。

人はよく誤解をします。企業側がどんなに消費者コミュニケーションを考えたとしても、その意図を100パーセント正しく理解してもらえることなど、ほとんどないといってもよいでしょう。

誤解、つまりギャップがあるならそれを修正しなくてはいけません。そのためにはどうすればよいでしょうか。

ギャップとは、「現状」と「あるべき姿」の間にあるものです。まずは「現状を知る」ことから始めます。つまり、**消費者の現状把握**です。

何を考えているのか、何に惹かれるのか、こちらが商品や広告を通じて伝えたメッセージをどのように感じるのか。これらの消費者の現状を知ることが、ビジネスの課題を解決するための第一歩となります。

「消費者の現状を知る」ために非常に有用な方法が、これからご紹介する**消費者に対するインタビュー調査**なのです。

私はメーカー勤務の後に、消費者へのインタビュー調査（定性調査）を得意とするリサーチ会社に転職し、プロの具体的ノウハウを学びました。

さまざまな業種やテーマの案件に関わり、1人ひとりの消費者の声からビジネス課題の解決の方向性が見出されていくことを目の当たりにしました。

マーケティング・コンサルタントとして独立後も、さまざまなクライアント企業の商品開発や課題解決において、グループインタビューなどのインタビュー調査を活用し、戦略提案に役立てています。

そうした経験を積むことによって、**「きちんと目的を持ってインタビューを行えば、消費者の"生の声"は、業種や取り扱う商品・サービスに関わらずビジネスに大いに役立つ」**ということを、ますます確信したのです。

⚠️ 現状分析にもっと「WET情報」を

いうまでもなく、企業の利益の源泉は消費者です。いくら広告を打って人びとの関心を集めても、また、数多くの商品を店頭に並べても、消費者がお金を出してくれなければ、企業は売上げ・利益を得ることはできません。

ひらたく言えば、**インタビュー調査は「お金を出してくれる人に直接会って相手のことを知ろう」**ということです。

ビジネスではよく、**「WET情報とDRY情報のバランスが大事」**と言われます。

「**WET情報**」とは消費者の声を聞いたり、店頭を観察したりするように、目や耳などの五感で直接感じるリアルな主観情報です。

一方の「**DRY情報**」とは、統計や調査データ、各種メディアからの情報などの客観情報や2次データなどです。
　この言葉は、人事戦略のプロである酒井穣さんの著書『あたらしい戦略の教科書』（ディスカヴァー・トゥエンティワン）で知ったのですが、とてもわかりやすい表現だと思いました。
　DRY情報は、全体感や傾向をつかんだり、現状の確認には適していますが、なかなかそこから仮説が生み出しにくいものです。
　反対にWET情報は、媒体を通さず五感で直接感じるぶん、刺激が多く発想も生まれやすくなるようです。

　戦略立案に欠かせない現状分析においても、このWET情報とDRY情報のバランスが大事です。しかし、ビジネスの現場においてはDRY情報のほうが集めやすいため、偏りがちなのが現状だと思います。
　そこで、とくに消費者を対象としたマーケティングにおいては、**WET情報としての消費者の声をより意識的に集めることが情報のバランスをとるうえでも意味がある**のです。

戦略立案で用いる情報の源

市場全体 （競合、流通）		
	● 流通インタビュー ● 店頭観察	● インターネット ● 業界紙 ● 書籍、白書 ● 企業の分析レポート
消費者	● 消費者インタビュー ● 消費者行動の観察	● アンケート調査 ● ネット上の口コミ
	WET ⟷ DRY	

② 話を聞くことで、見えてくるものがある

❗調査結果に一喜一憂するだけではもったいない

　私がある化粧品ブランドのブランド・マネジャーをしていた頃のことです。

　他のブランドを担当している後輩マネジャーの女性が、これから発売する新商品の使用テストをしていました。

　このテストでは、実際に試作品を使ってもらった一般の人の感想を集めるアンケート調査が行われましたが、評価は「とても気に入った」、「まあ気に入った」、「どちらともいえない」、「あまり気に入らなかった」、「まったく気に入らなかった」の5段階に設定されていました。

　実際に寄せられた感想は、「どちらともいえない」、「気に入らなかった」というネガティブな評価がとても多く、新商品の開発に一生懸命取り組んでいた後輩はがっくりと肩を落としていました。

　しばらくして私は、「評価の理由をちゃんと分析したほうがいいのでは？」とアドバイスしたのですが、彼女は過去は振り返らないとばかりに、「いいんです。どうせもう発売されることは決定しているのですから……」と言って、すぐに発売の準備に取りかかっていました。

　立ち直りの早さにほっとしながらも、せっかく消費者情報が集まっているのに、「よかった・悪かった」の結果だけにとどまってしまうのは、とてももったいないことだと私は思いました。

　こうした定量的なアンケートの調査結果などと同様に、消費者へのインタビュー調査においても、相手の反応に一喜一憂してしまいがちです。

　担当者にとって、自分が関わった商品やサービスはわが子のようにかわいいので、それをほめられたり否定されたりすることに反応してしまうのも自然

な感情かもしれません。

しかし、マーケティングの消費者分析では意味のないことです。なぜなら、消費者の反応に喜んだり悲しんだりするだけでは、そこで思考が停止してしまうからです。

「好評だったからOK」、「不評だったからダメだ」では、分析でも戦略でもなく、単なる感想のようなものです。

何のために時間とお金をかけて調査をするのでしょうか。それは、**消費者の情報を次のアクションに生かすため**です。

結果がポジティブであれ、ネガティブであれ、その理由が大事なのです。つまり**「なぜよかったのか」、「なぜよくなかったのか」の理由をきちんと言えるようにする**ことです。

要因分析をして洞察しないと、次のアクションには結びつきません。

「よい・悪い」といった結果を言うことが悪いわけではありません。「で、結局はどうなの？　よかったの？　悪かったの？」という見解は、もちろん結論として大事な情報です。

しかしそうした結果情報だけでは、原因がわからないため、そこから何を解決すればよいのか、どうアクションを起こせばよいのかという、具体的な行動につなげることがむずかしいのです。

大事なものは、「結果情報」だけではなく、それを裏付ける「理由情報」です。インタビュー調査では、**「誰が、なぜそう言ったのか？」という、理由がわかる情報が重要**になってきます。

理由情報があれば、「なぜよいと思ったか？」、「なぜよくないと思ったのか？」、その原因がわかります。また、「どんな背景を持つ人がそのように感じたのか？」というのも大きなヒントになります。

さきほど述べた後輩の話で言えば、アンケート調査であってもオープン

アンサー（自由記述の回答）で評価の理由は書いてもらっていますし、その他の設問もあるので、「気に入った」・「気に入らなかった」という人の理由を分析したり、回答傾向を**クロス分析**（下図参照）することで、「どのような人が、どういう理由で評価したか」がわかります。

より深く洞察するために、あらためて周りの誰かに試作品を使ってもらって、その感想をじっくり聞くこともできたかもしれません。

たとえ商品そのものの変更は間に合わなかったとしても、そこでわかったことは、広告やパッケージデザインの訴求など、可能な範囲で対策に役立てることができたかもしれません。

クロス分析で見えてくるもの

クロス分析とは？ 定量調査で2つの質問（またはプロフィール項目）の結果をクロスして、それぞれの質問間の差異を見る分析手法。たとえば、「気に入ったか？」という質問と、「使っているブランド」の質問をクロスすることで、使用ブランドの違いが満足度に与える影響がわかる。

[試作品に対する、現在使用ブランド別の評価]

	気に入った	まあ気に入った	どちらともいえない	あまり気に入らなかった	気に入らなかった
全体平均	18%	18%	33%	18%	13%
ブランドA使用者	50%	25%	10%	10%	5%
ブランドB使用者	10%	15%	50%	15%	10%
ブランドC使用者	15%	20%	45%	15%	5%
ブランドD使用者	5%	10%	20%	30%	35%
ブランドE使用者	10%	20%	40%	20%	10%

ブランドA使用者の評価が、全体平均に比べて突出して高く、逆にDは低い

その理由を分析することで、ターゲット像や打ち出し方が見えてくる！

このときの後輩の状況を見て、「ただアンケートの結果だけを見るのは、もったいない」と私が思ったのはこうした理由からです。

⚠ 業界関係者の話ばかり聞いていませんか？

　私がマーケティング・コンサルタントとして独立後すぐに、ビジネスを立ち上げるお手伝いをしたお客さまのなかに、マタニティ専門ウェディングドレスショップを運営する「ジェイディ」の花谷珠里さんがいます。

　ウェディングドレス業界では新規参入になりますが、新規参入者ならではの画期的な視点から「マタニティ専用のウェディングドレス」という、それまでにはない商品アイデアをお持ちでした。

　「これはいける！」と思った花谷さんは、ビジネスを立ち上げるアドバイスを私に求めてきました。

　何度かお会いして打合せを重ねましたが、ある時期に花谷さんのお話がだんだん当初のコンセプトからズレて、新鮮さを失いかけてきたことがありました。

　不思議に思った私は、彼女にそのことをぶつけてみたのですが、本人はそうした意識はあまりないようでした。

　原因がわからないまま、彼女の行動を注意して見ていたのですが、私はあることに思い当たりました。それは、彼女が業界関係者ばかりに会っていたことです。

　業界関係者の声ばかりに耳を傾けた結果、現実がわかりすぎてきて、当初の画期的なアイデアはだんだん色あせてきたのではないだろうか、そう私は推測したのです。

　その後、花谷さんは当初のコンセプトに軌道修正して、順調に事業を立ち上げたのですが、そのお話は最後のケーススタディで詳しく紹介したいと思います。

ビジネスを行ううえで、業界関係者や流通の取引先の意見が重要であることは言うまでもありません。消費者とは違うプロならではの視点があり、業界を俯瞰するうえでとても有益な情報をもたらしてくれます。
　問題は、「業界関係者の話ばかり聞いて、肝心の消費者の声を聞いていない」という、情報が偏ってしまい、バランスを欠いているケースです。

　消費者視点を持つことの重要性が高まってきているとはいえ、実際には「消費者の声を聞く」ことが、あまり行われていない業界というのが、たしかにあります。
　エンドユーザーは消費者であっても、直接の取引は企業どうしで行われるため流通チャネルを占拠すればOKの業界や、一度商品を売ってしまえばリピートがほとんどないような業界などです。
　消費者情報がなくても、得意先企業への営業や、「とりあえず買ってもらえる」プロモーションやセールストークで売上げが立つ場合には、さほど重要視されない傾向があるように思います。
　もちろん、こうした業界にあっても消費者情報を重視する企業もありますが、全体としてみれば、"消費者視点に慣れていない業界"という印象があります。

　こうした業界の方々に共通することとして、「モノはよいのだから、あとは営業」という認識があるようにも感じます。
　つまり「消費者の手に届きさえすれば売れる。問題はいかに流通に気に入ってもらえるかだ」と思ってしまう、そんな傾向があるのではないでしょうか。
　そうすると、流通チャネルの開拓や営業面の攻略法が気になり、つい業界関係者にばかり意見を求める、ということになりがちです。
　また、「素人である一般の消費者に聞くよりも、プロの業界関係者の意見のほうが確か」という思い込みもないとは言えないでしょう。

❗「モノがよい」、「使えばよさがわかる」は当たり前

あえて言いますと、ビジネスを行ううえで「モノがよい」のは当たり前のことです。

そもそもモノがよくない、つまり買ったお客さまが満足しないモノを売ろうとすること自体が間違った考えといえるのではないかと思います。

道義的な問題だけではなく、モノが悪ければ、お客さまに価値を提供しつづけることができないのでビジネスは長続きしません。消費者はリピートしませんし、口コミで悪い情報が流れます。

派手な広告や営業努力によって打ち上げ花火のように一時的に売れたとしても、遅かれ早かれ、自然淘汰されていくでしょう。実際に、そのようなケースをいくつも見てきました。

このように、モノがよいことはビジネスの大前提なのですが、その一方で、「モノがよいだけでは売れない」というのも現実です。

「モノがよいから、使ってもらいさえすればわかってもらえる」という声もよく聞きますが、問題は、売り手側が本当にその「モノのよさ」を正しく認識しているかということです。

ここでいう「モノのよさ」とは、売り手である企業が考えるよさではなく、あくまでも買い手である消費者から見たよさであることがポイントです。

言い換えれば、**消費者にとって「何が魅力」で「何が問題」かを、企業側がどこまで把握しているか**、ということです。

私もずいぶん経験してきたことですが、その商品に関わる社内の人間や業界関係者にとっては当たり前で大した特長ではないと思っていることが、消費者にはものすごく魅力的に感じることがよくあります。

関係者は、ついついそうした魅力ポイントを見過ごしてしまいます。

逆に、業界内では「画期的」と思われていることが、単に「業界ウケ」がい

いだけで、消費者にとってはどうでもよいというケースも多々あります。

　私の個人的な感覚かもしれませんが、理系の開発者のなかには、その商品を使う消費者よりも、競合他社の開発者を必要以上に意識しすぎてしまうということがよくあるように思います。
　これは、業界内で注目を浴びるような成果を出したいという開発者魂からくるもので、けっして悪いこととは思いませんし、開発者の自由な発想が画期的な商品開発には必要なことです。しかし、本来持つべき消費者視点が欠けた開発は、なかなかよい結果につながらないのも事実です。

　要は役割分担だと思うのですが、開発者はひとつのテーマをとことん突き詰めたり、技術的な側面から新しい切り口を見つけることがマーケティング上の役割といえます。
　そして、**開発する商品が消費者にとって本当に魅力的なものなのかどうかを正しく見極めるのがマーケティング担当者の役割**といえるでしょう。
　いずれにしても、その判断材料は企業側にあるのではなく、消費者の側に潜んでいます。マーケターがあれこれ悩み続けるより、たった1人であっても消費者に直接聞いたほうが早いということもしばしばです。
　まさに、「迷ったら、消費者に聞け！」なのです。

③ 「とりあえず、アンケート」の限界

⚠ アンケートでは想定の範囲外の結果は得られない

　社内で「消費者分析をしてみよう」となったときに、ありがちなのは「とりあえず、アンケートをやっておこうか」というパターンではないでしょうか。

　最近はネットでのリサーチが増えたこともあり、この10数年ほどで、じつに安価にすばやく情報を集められるようになりました。

　そのため、ますます気軽にアンケートが行われるようになったと感じます。

　たしかに、アンケートはマーケティング上有効な調査方法です。実施すれば少なからず消費者情報が得られるので、当然やる価値はあります。

　ですが、「"とりあえず"消費者の情報を集めたい」と思う場合は、アンケートよりもインタビューのほうが向いていることが多いのです。

　「"とりあえず"消費者の情報を集めたい」という場合は、消費者がどんな状況なのか、そこにどんなヒントがあるのか、制限をつけずに幅広く網をかけるように知りたいはずです。

　ところがアンケートで得られる情報は、質問に対する答えに限られます。その情報はデータとしてはっきりとわかりますが、その背景にある理由や、ヒントとなりうる関連情報などはわかりにくいのです。

　アンケートは仮説の範囲内で現状を映し出す「瞬間写真」のようなものです。

　どういうことかといいますと、写真は、そこに何人いるのか、木は何本かなど、フレーム内に写っていればはっきりと数えることができます。

　しかし、その写っている人物や風景の裏に何があるのか、フレームの外に何があるのかはまったくわかりません。

アンケートの場合は、仮説から設定された質問と選択肢というフレーム内での結果は得られますが、フレーム外のことは基本的にわかりません。
　逆に、仮説をはっきりと検証したいときにはアンケートはとても適しています。

⚠ "理由"を読み取ることの大切さ

　加えて、**アンケートは消費者の気持ちが表れにくい**という難点があります。回答の結果はわかりますが、そこにいたった理由がはっきりと読み取ることがむずかしいのです。
　理由がわからないと、そこから課題や解決策を見出すこともむずかしくなってしまいます。

　ただし理由を知ることが無理というわけではありません。アンケートでも理由の選択肢を設けたり、オープンアンサー(自由回答)部分を設けることにより、ある理由を知ることができます。
　ですが、選択肢には制限がありますし、アンケートで自由回答欄を多く設けると記述に時間がかかるため、回答者の負担を考えると限界があります。
　それに、回答者はそれほど事細かに書いてくれるわけではないので、表現力の問題から書かれた内容がどんなことを意味するのか、わかりにくいこともしばしばです。
　直接消費者にインタビューすれば、アンケートの設問などにとらわれることなく自由に情報を集めることができます。
　アンケートが「瞬間写真」とすれば、インタビューは肉眼で見渡すような感覚でしょうか。

　もちろん、アンケートを実施するときと同様に、事前に仮説を考えますし、話を聞く内容も決めたうえでインタビューに臨みます。
　しかし、**相手に自由に話してもらうことで、聞き手が予想もしなかった話**

が出てくることもしばしばです。私自身もこれまで何度も、まさに「目からウロコ」の経験をしてきました。

また、インタビューであれば発言の理由を聞くことも簡単です。表現が抽象的でも、言葉足らずでも、意味がわからないときはその場で確認することができます。

❗ アンケートとインタビューを使い分ける

しばらく前のことですが、ある外食チェーンから依頼されて、売上げ向上策を探る目的で、来店客に来店理由を聞く調査をしたことがあります。

駅の中にあるチェーン店では、すでに来店客にアンケートを実施していて、「来店理由」としては、「時間がかからない」、「駅の中なので便利」といった回答がほとんどでした。

そこで、店側としては、急いでいるお客さまの利便性ニーズに応えるため、「料理の提供スピードをもっと早くしよう」といった方策が検討されていました。

インタビュー調査では、お店のお客さまに「お食事中、申し訳ありませんが……」と断って、来店理由や目的などを尋ねました。

実際に利用している現場でのインタビューだったため、リアルな気持ちがよりつかみやすかったように記憶しています。

アンケートで出てきたような利便性を利用の理由として言う人も多かったのですが、そのほかに「駅の中の非日常空間でくつろげる」、「会社や目的地に行く前にほっと一息ついて気分を切り替えられる」という言葉も数多く聞かれました。

つまり、「くつろげる空間としての価値」を感じる人が多かったのです。

こうした点はそれまで店側から訴求したことはなく、お客さまが素直に感じているニーズといえるでしょう。

インタビュー調査をふまえて私は、店の前に「ほっと一息つきませんか？」、

「心地よいお席があります」などと書いた看板を出すなど、「くつろぎたいお客さま」向けの新たな方策を提案しました。
　これはアンケートだけでは、なかなか見出せなかった訴求ポイントでした。

　誤解のないようにお伝えしたいのですが、「インタビュー調査のほうがアンケート調査よりも優れている」ということを言いたいのではありません。
　すでに仮説が設定されていて、それを量的に確認したいのであれば、当然ながらアンケートのほうが適しています。
　ただ、現状を見ていると「とりあえずアンケート」という傾向が強すぎるのではないかと感じるのです。
　アンケートもインタビューも（つまり定量調査も定性調査も）、それぞれメリット・デメリットがあります。それをよく知って上手に使い分けることが大切なのです。

アンケート調査とインタビュー調査の比較

	アンケート調査	インタビュー調査
情報を収集できる人数	多い	少ない
回答の自由度	低い	高い
結果としてわかること	比率・相関	理由・因果関係
分析方法	機械的に集計、分析が可能	主に人的作業

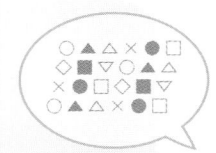

Part 2
調査会社に頼まず、自分たちでできる消費者インタビュー調査

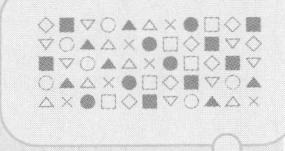

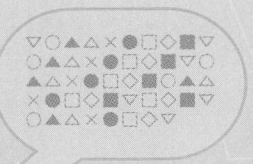

1 実務担当者が自ら調査をするメリット

❗ まずは、社員を集めて話を聞いてみる

　私がメーカーで若い女性向けの日用品や化粧品ブランドのマーケティング担当をしていたときのこと。しばしば「ランチ・グルイン(グループインタビュー)」と称して、昼休みに社内の女性社員を呼んでインタビューを行いました。

　正式なインタビュー調査では、出席者に謝礼として現金をお渡しするのですが、社内なので、謝礼代わりに用意したのは、おいしいお弁当だけでした。しかし、同じ社員という気軽さもあり、快く協力してもらえました。

　ランチ・グルインを行ったのは、新商品のコンセプトをブラッシュアップしたいときや、競合商品の印象を確認したいときなどです。
　お金をかけて外部のリサーチ会社に調査をお願いするほどではないけれども、消費者はどんな反応をするか、おおよその状況を知りたいとき、つまり"アタリ"をつけたいときに行うことが多かったと思います。

　司会は自分でやりました。その頃はまだモデレーター(グループインタビューの司会進行役)の訓練をしていなかったので、素人同然でしたが、社内の人相手だったので、あまり緊張せずリラックスして臨めた記憶があります。

　対象商品によっては、社内に適当な人がいない場合もあります。例えば、女子高校生対象の商品などです。
　その場合は、社員の知り合いを紹介してもらったり、協力者を探してくれるリクルーティング会社にお願いして対象者を集め、やはり自分で司会をして情報を収集しました。

⚠ インタビューの実施で、社員の関心も高まる

　こうした簡単なインタビューは、厳密に言えば対象者が想定ターゲットと少し違っていたり、"社内"というバイアスがあったりするので、聞いた話をそのままストレートに戦略の意思決定に使うことはなかなかむずかしいものです。

　しかし、私自身の仕事の経験上からも、**実務担当者が自らインタビューするメリット**は十分に実感してきました。

　まず、インタビュアーになることで、**消費者の感覚をダイレクトに感じることができます**。新しいアイデアのヒントや本調査をする前の参考情報には充分なりえます。

　その場で仮説が浮かんできたときに、直接その**仮説について確認できる**のもメリットです。

　社員インタビューの副次的な効果としては、**社内の人に関心を持ってもらえる**ことも挙げられます。

たとえば、新商品の調査などでは、その商品について意見を言ってもらうことで少なからず開発スタッフの一員という気持ちを持ってもらえるようです。

商品開発などを推進する仕事は、社内の人びとにどれだけ協力してもらえるかによって、その成果が大きく左右される面もあります。

普段の仕事で直接関わり合いのある人だけでなく、さまざまな人に、担当しているブランドに関心を持ってもらい、巻き込むことで結果的に仕事が進めやすくなれば、それは大きなメリットといえます。

⚠ 外部への委託調査と自前の調査を使い分ける

多くの企業で行われている新商品の開発や販売にあたってのインタビュー調査は、リサーチ会社が請け負って実施することが主流だと思います。

開発投資が大きければ大きいほど、外部のプロに任せたほうが安心、ということはいえるでしょう。ただし、当然のことながら費用がかかります。

グループインタビューを頼むと、だいたい、1グループ50万円前後かそれ以上かかることが一般的です。グループ数を増やしていけば、数百万円になることもあります。

労力がかかる仕事なので、これくらいの費用がかかってしまうのは仕方ありませんが、大企業であっても、気軽に何度も実施できる金額ではないでしょう。

また、**費用が大きくかかる調査は、実施までに時間がかかる**ことも往々にしてあります。

新商品の開発などでは投資額が大きいこともあり、上司や経営陣に対して、調査実施の稟議書を出して、承認をもらうなど、社内でいくつもの承認ステップを踏まなくてはならないケースも多いでしょう。

しかし、費用と時間がかかるからとはいえ、事前に消費者情報をとらずに

ビジネスを進めることは、結果的に非効率的といえます。

　消費者の声を聞かないのはもったいないだけでなく、思わぬ失敗を防ぐ意味でも重要です。

　そこで、**外部のリサーチ会社に頼む調査**だけでなく、**自前の調査を上手に使い分ける**ことで、その時々の状況に合わせた消費者分析を行います。

　お弁当に例えると、リサーチ会社に委託する調査は、料亭の「高級幕の内弁当」、担当者が自分で調査するのは「手作り弁当」といった感じです。

　つまり「ここぞ！」というタイミングのときに、より気合を入れて準備し、プロに作ってもらうものがリサーチ会社への委託調査。客観性が得られ、内容は精緻されていて、依頼側の手間はかかりませんが、先述のとおりコストはかかります。

　対して、自分が必要な材料（情報）を自分で用意して料理するのが、担当者が自前でやる調査です。こちらはスピーディにでき、委託調査と比べると低コストで実施できます。

外部委託調査と自前調査の比較

	外部委託調査	自前調査
コスト	高い	安い
準備期間	長い	短い
担当者の手間・労力	少ない	多い
結果	精緻度、客観度が高い	簡易的分析でも、担当者自身の気づきが多い

② 1対1の個別インタビューから始めよう

❗ グループインタビューはある程度の訓練が必要

　私がメーカー時代に、自ら司会をして社員インタビューを行った話を先にご紹介しましたが、とくにインタビュー技法のセミナーを受けたりということはせず、リサーチ会社が行っているインタビューの見よう見まねでした。

　その後、リサーチ会社に転職し、専門的にインタビュー技法を学んだのですが、そこでつくづく感じたことがあります。それは、**「グループインタビューを行うには、ある程度訓練が必要」**ということでした。

　5、6名以上の複数の人を相手に、聞きたいことを上手に聞いていくには、ノウハウを習得し経験を重ねていかないと、なかなかむずかしいのです。

　"アイデア出し"などによく使われる「ブレインストーミング」（30ページ参照）のように、何でもざっくばらんに意見をあげてもらうという場面なら、複数の人相手でもあまり問題はないでしょう。

　しかし、マーケティング上の課題を明らかにしたい、理由を確認したいという場合には、集団相手というだけで緊張感が高まります。

　「声が大きすぎて、話を引っ張ってしまう人はいないか？」

　「出席者の話題がズレていかないか？」

　「話し合いが盛り上がらず、シーンとしてしまわないか？」

といった心配事も多く、その場をコントロールすることに気を取られるあまり、話の内容を分析するどころではなくなってしまうのです。

　私の場合、リサーチ会社で訓練をして経験を重ねた後は集団コントロールも問題なくできるようになりましたが、リサーチのプロではない実務担当者がそのような訓練を重ねるというのは、現実的ではないでしょう。

もちろん、難なくグループインタビューができてしまう、という人もなかにはいるかもしれません。ですが、自分も含めて、仕事で知り合った企業のマーケティング担当の方とお話していても、実務担当者がグループインタビューを行うにはハードルがあると感じました。

また、司会技術だけではなく、会場準備やリクルーティング（対象者募集）も複数名の予定を調整して案内を送って対応するのには、意外と手間がかかってしまいます。

個別インタビューのメリットとデメリット

そこで、実務担当者が自分で行う場合は、1人の相手に対して話を聞く**「個別インタビュー」**から始めることをおすすめします。

相手が集団であるのと、1人であるのとでは、聞き手側の心理的な負担がかなり違います。具体的には個別でインタビューを行うことには次のようなメリットがあります。

- **話し合いの流れをコントロールする必要がない。**
- **ある程度自分のペースで聞きたいことを聞ける。**
- **発言の意図や、理由、誤解などが確認しやすい。**

また、話を聞く相手のスケジュール調整も、1人ずつのほうが複数名を同じ時間に集めるよりも楽ということもあります。

反対に、グループインタビューと比べると、次のようなデメリットがあることは頭に入れておいてください。

- **話を聞ける人数が少ない（多くの人の話を聞くには時間を要する）。**
- **対象者どうしが話し合って刺激しあうことがない。**

消費者へのインタビュー調査の最大のメリットである「消費者のリアルな声を聞ける」という意味では、個別インタビューで充分可能ですし、目的が達成しやすいと思います。

まずは、個別でインタビューをやってみて、慣れてきて必要性を感じてきたらグループインタビューを実施というステップで考えてみましょう。

コラム
グループインタビューのほうが
やりやすいケース

　実務担当者が自分でやるときの容易さを考えると、グループインタビューより1対1の個別インタビューのほうがやりやすいのですが、グループにしたほうがよいケースもあります。

　ひとつには、中高生などの若年層を対象にした場合です。

　中高生が1人で会社に来るのはとても緊張しますし、大人を相手にリラックスしてしゃべることもむずかしいでしょう。

　初対面の人と話すといった経験も少なく、なかなか話が引き出せないまま時間が過ぎてしまうことになりがちです。

　そのため、中高生を対象とする場合は、友だちどうしで来てもらい話を聞きます。

　どうしても同じ学校や環境などの"似たものどうし"の情報が集まってしまう傾向はありますが、本音をより聞きやすいという意味では、友だちどうしでリラックスしてもらったほうがよいのです。

　中高生に限らず、「複数の人の意見を聞きたいが、グループコントロールする自信がない」という場合も、同じように友人どうしで集まってもらう方法で話を聞くとよいでしょう。

　友人どうしなら、打ち解けてもらう時間をかける必要がありませんし、お互いのおしゃべりには慣れているので、1人が話を引っ張ってしまって収拾がつかなくなってしまうことも、あまりないように思います。

③ インタビュー調査を行う目的

⚠ "アタリ"をつける情報を得て「仮説」を抽出する

　以上述べてきた、個別インタビューやグループインタビューはいったい何のために行うのかをここで整理しておきましょう。

　その目的は、下図に示した3つです。

　このなかでも、①**仮説抽出を目的として行われることがもっとも多い**でしょう。

　ここで言う「仮説」とは、「はっきりとはわかっていないことについての**"自分なりの"解**」です。

　こうした仮説を持つことは重要です。たとえば、消費者がある商品カテゴリーに対して重視している点や満足点、不満点などについて、「おそらくこういう意識や実態があるだろう」と仮説を持つことでポイントが絞られる

インタビュー調査の3つの目的

❶ 仮説抽出
ざっくりと"アタリ"をつけるための情報収集

❷ 仮説検証
評価の「理由」を知るための情報収集

❸ ブレインストーミング
アイデアをたくさん集める

ので、分析や戦略立案がスムーズになります。

「そうしたことがわからないから調査をするのに、どうして仮説が必要なの？」と思われる方もいるかもしれません。

私もメーカーでブランド・マネジャーをしていたときに、調査を実施する担当者から「この調査の前提として、どんな仮説をお持ちですか？」と突っ込まれてうまく答えられなかった記憶があります。

いま思えば、そうした検討を尽くさずに調査をしようとしていたので反省ですが、この担当者の指摘は当然のことです。

仮説がないと、根拠もなくただ何となくアンケートを設計してしまったり、「あれも、これも」とやみくもに質問項目をつくったりということになってしまいかねません。

そうかといって、まったく何も情報がないなかでは仮説も立てられません。ざっくりとでも"アタリ"をつけるための情報が必要になります。

そこで、インタビュー調査での仮説抽出が役立つのです。すでにある情報や知識の範囲で担当者が仮説を立てることも可能ですが、**消費者の声を参考にすることで、予想もしていない仮説が導き出せる**ことがあります。

仮説を抽出するためには担当者の先入観にとらわれない、消費者の自由な発言が役立ちます。それを拾い上げるには、対面で消費者に聞くインタビューが向いているのです。

⚠️ "理由情報"を得てロジカルに「仮説」を検証する

前ページの図に示した②の**仮説検証**は、インタビュー調査などで抽出した**仮説を「全体でも当てはまるか？」、「比率や人数ボリュームはどの程度か？」という点を確認する**ことです。

こうした作業は、アンケート調査で定量的に確かめるやり方がよく用いられますが、仮説検証においてインタビューが活用される場合もあります。

それは、**消費者の評価の「理由」を知りたいとき**です。たとえば、新商品を開発するときにコンセプトや試作品に対して消費者に評価をしてもらいます。

　すでに述べたようにアンケートでは、「よい」、「よくない」などの結果としての評価はわかりますが、その理由まで知ることはむずかしいものです。
　もちろん、オープンアンサー（自由記述）を活用して理由を把握することはできますが、全体傾向はわかっても理由情報としては不足する場合が多いものです。
　なぜなら、消費者が記述する評価理由は表現や語彙の面でどうしても不足しがちだからです。

　そのため大手のメーカーでは、アンケートを実施する際に調査員が答える対象者1人ひとりにオープンアンサーの意味合いをチェックしているところもあります。
　たとえば、よく使われる表現に「かわいい」や「おいしい」があります。これは非常にいろいろな意味を含んだ、いわゆる多義的な言葉です。普段の会話ではよく使われる言葉ですが、評価の理由を知りたいと思った場合には、情報として不足してしまいがちです。

　例を挙げると、ある食品についてのアンケートで、「買いたい」と答えた人の理由として「おいしいから」という言葉が上がったとしましょう。
　しかしこれだけでは、具体的にどのような味や食感、舌触り、後味などがよかったのかわかりません。
　そうした**具体性に欠けると、そこからどう改良したらよいか、どのように魅力点を訴求すべきか、などの方向性が見出せなくなってしまう**のです。
　そこで、消費者の頭の中のロジックをより理解するために、インタビューを用いるのです。

❗ 新鮮なアイデアがほしいときにブレインストーミング

27ページの図に示した③のブレインストーミング（ブレスト）は、評価というより、**アイデアがたくさんほしいときに行われます**。情報収集が目的なので、厳密にいえば調査ではないかもしれません。

ブレストでは特定のテーマについて、どんどんアイデアを出してもらいます。そのときのルールは「他の人の意見を否定しない」、「思ったら言葉にする」です。

楽しいリラックスした雰囲気のほうがどんどんアイデアが出るので、そのための工夫（たとえば、音楽をかけたり、お菓子やお茶を用意するなど）があるといいでしょう。

私がメーカーのブランド・マネジャー時代には、ネーミングのアイデアがほしいときなどにしばしば社内でブレインストーミングを実施しました。

先入観がないほうがよいので、できるだけマーケティングとは関係のない部署の人を集めました。食事やお菓子を用意してワイワイとおしゃべり会のように楽しい雰囲気で行います。

すると、「おっ！」と思うようなアイデアやキャッチコピーに使えそうなワードが飛び出したりしたものです。

女性がワキの脱毛によって肌がキレイに見えないことに不満があることを発見し、「ワキ専用ケア用品」の商品開発をしたときのことです。

その商品のキャッチコピーを考えるため、他部署やアルバイトの若い女性を集めてブレインストーミングを行いました。

みんな面白がって、ポストイットに思い浮かんだワードやコピーをどんどん書き出してくれましたが、そのなかに「ワキ美人」というコピーがありました。

参加者は口々に、「これ、いいねー！」と言って盛り上がりました。私も、パッと目を引く言葉だと思いました。アイデアが貧困な私などには、とても思

い浮かばない言葉です。実際にこのコピーは採用となり、パッケージやPOPに活用されました。

⚠️ さまざまなビジネス課題に役立つインタビュー調査

　このあとのPart3〜5では、これまで説明してきたインタビュー調査が、具体的にどのようなビジネス課題に有効なのかを説明していきたいと思います。

　マーケティング活動で調査を重視している企業では、ブランドの好不調に関わらず、調査タイミングをスケジュール化して、開発のポイントごとに実施することになっています。

　開発時にはコンセプト段階や試作品の段階でも消費者の反応を見るために調査しますし、パッケージ、ネーミングなどについても必ず調査で検証します。

　発売直前には、**コンセプト・プロダクトテスト**といって、どれくらいの人が買って、リピートしてくれそうか、を予測します（これを基に、生産計画を立てます）。

　そして発売後には、**トラッキング調査**といって計画どおりに推移しているかどうかをチェックします。

　それぞれ定量・定性調査を組み合わせて行っていますが、予算や時間の余裕がない場合は、担当者が自らインタビュー調査を行うなど、失敗の予兆を察知して、事前に対処すべきことはしています。

　まずPart3では、新商品を開発するケースに焦点を当てます。

　商品開発のステップを大まかに示すと、次ページの3つに分かれますが、それぞれのステップにおけるマーケティング業務の考え方と、インタビュー調査の活用ポイントをお伝えします。

* ニーズを見極める

* ニーズに応えたコンセプトをつくる

* コンセプトに合うプロダクトをつくる

　Part4では、デザインや広告戦略に焦点を当てます。
　そしてPart5では、以下のマーケティング課題に焦点を当て、インタビュー調査をどう活用していくかを説明していきたいと思います。

* リピート客を増やすヒントを得る
* 商品が売れない原因を探る
* リニューアルを成功させる

マーケティング活動の流れとインタビュー調査の関係

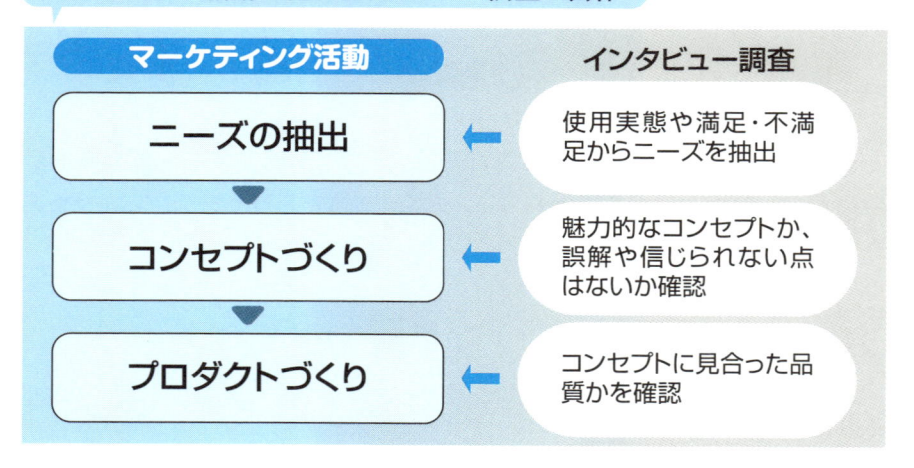

マーケティング活動	インタビュー調査
ニーズの抽出	← 使用実態や満足・不満足からニーズを抽出
コンセプトづくり	← 魅力的なコンセプトか、誤解や信じられない点はないか確認
プロダクトづくり	← コンセプトに見合った品質かを確認

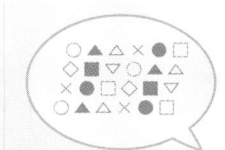

Part 3

インタビュー調査の活用(1)
──商品開発の情報収集

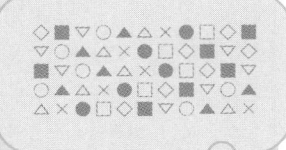

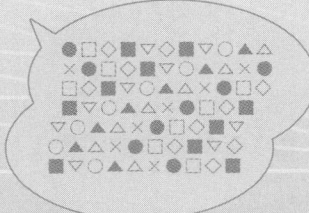

① インタビューから「消費者ニーズを見極める」

❗ 満たされていない人びとのニーズを探る

　現在のマーケティング活動は、すべてが「消費者ニーズ」に応えることを目的としている、と言っても過言ではないでしょう。

　大量生産、大量消費の時代であれば、消費者ニーズを気にしなくても、とにかく作れば売れた商品も数多くあったかもしれません。

　また、市場を独占していて消費者に選択の余地がない場合も、企業は消費者ニーズを気にする必要はありませんでした。たとえば、以前に電話回線をほぼ独占していたNTTや、パソコンとOSの抱き合わせ販売で独占状態であったマイクロソフトなどです。

　これらの企業は、消費者の声を聞く必要はさほど高くはなかったのではないでしょうか。

　ですが、規制はどんどん緩和されていきますし、いまの日本のように普通に生活するうえで多くの人が満たされている状況では、消費者のニーズをいかにつかむかが重要になります。

　ニーズ、つまりお客さまが求めるものでなければ、買ってもらえないからです。違う表現をすれば**「お客さまがほしいと思う商品をいかに作るか」が企業の命題**といえるでしょう。

　そして、ただ単に求めているだけではなく「満たされていないニーズ」、つまり**「未充足ニーズ」に応えることが重要**になってきます。

　すでに満たされているニーズであれば、わざわざ新しい商品は必要ありません。これまで使い慣れたものを使えばいいのですから。

　ただ、この未充足ニーズは見つけることがなかなかむずかしいものです

顕在ニーズと潜在ニーズ

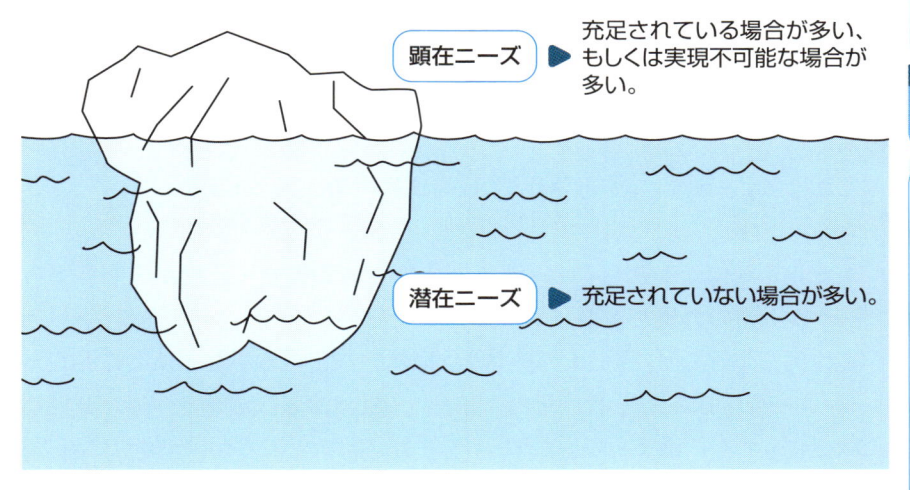

顕在ニーズ ▶ 充足されている場合が多い、もしくは実現不可能な場合が多い。

潜在ニーズ ▶ 充足されていない場合が多い。

（見つかりやすかったら、マーケティング調査の必要はありませんね）。

　なぜなら、未充足ニーズはお客さま自身も気がついていない場合が多いからです。つまり「**潜在的なニーズ**」とも言い換えられます。

⚠ 未充足ニーズは行動に表れる

　消費者の満足度調査などをすると、「満足している」という答えが大多数ということはめずらしくありません。物質的に恵まれている人が多い日本において、日常生活を送るうえでそれほど強い不満はないのかもしれない、としばしば感じます。

　ですが、消費者自身が未充足ニーズに気づいていない、という場合もあります。

　その「**消費者自身も気がついていない未充足ニーズ**」を見つけるうえで、**インタビュー調査は非常に適しています**。それは28ページで述べたように、企業側が予想していない情報を引き出すことができるからです。

ただし未充足ニーズは消費者の言葉から直接表れる、ということはめったにありません。あったとしても、それは「実現がむずかしいニーズ」です。
　たとえば、「勉強しなくても英語がしゃべれるようになりたい」とか「食べても太らない体になりたい」など、夢のようなニーズ、または「1か月ぐらい充電が持つ携帯電話がほしい」など、いまの技術ではとても高いハードルのあるニーズです。
　これは、マーケティングというより技術革新の領域でしょう。

　未充足ニーズを見出すには、**消費者の無意識の発言・行動から洞察するマーケター側の力量が重要**になります。
　具体例を挙げると、子どもの熱さましに使われている小林製薬の冷却ジェルシート「熱さまシート」は、「子どもが熱を出したときに濡れタオルをおでこに載せてもすぐに温まってしまうし、子どもは動くからタオルが落ちて困る」という子を持つ女性社員の意見がきっかけで出来た商品と言われています。
　製薬会社の社員だったため、「タオルを何度も額に載せなおす」という自分自身の行動が、何かの商品アイデアになるかもしれない、と気がついたのかもしれません。
　ただし、「子どものおでこに貼り付けられる、冷却用のジェルシートがほしい」とは、いきなり思い浮かばなかったでしょう。
　この社員の意見に対してマーケターが、「子どもが動いても落ちず、冷たさも長続きする熱さまし用の商品へのニーズがある」と考えて、この商品が誕生したのです。

　ユニ・チャームの「ムーニーマン」は世界ではじめてのパンツ型オムツです。
　この製品は、「赤ちゃんがだんだん大きくなってくると、オムツ替えのときにじっとしていないから大変」という声や、モニターのお母さんのオムツ替えシーンを観察したことなどが、発想のモトになったそうです。
　ただこのときも、お母さん方は「パンツ型のオムツがほしい」とは言いませ

ん。企業側が「赤ちゃんが動いてもラクに替えられること」にオムツのニーズがあることを読み取ったのです。

　それまでオムツの開発においては、「オシッコをもらさない」という吸収力が非常に重視されていました。P&Gや花王といった大手競合と「とにかくもれない、吸収力の高いオムツ」の開発競争を繰り広げていたのですが、品質改良が進み、消費者は「もれないこと」へのニーズをさほど強く持たなくなりました。

　ユニ・チャームは「ムーニーマン」で「オムツ替えしやすい」という新たなニーズに応えたことで、ヒット商品となりました。

　また、私がインタビュー調査について専門的に学んだリサーチ会社の(株)マーケティングコンセプトハウスでは、よく**「ニーズは行動に表れる」**と言われていました。つまり消費者の無意識の行動は、その人がしたいと思っていることが出てくるのです。

　先ほどの「熱さまシート」であれば、何度も濡れタオルを替えたり、子どもの額に載せなおしたりする母親の行動に表れているといえるでしょう。

BE・DO・HAVEの3つのニーズを見極める

　インタビュー調査でニーズを探るときは、**「本当に満たされていないニーズは何か」を意識する**ことが重要です。

　その際に知っておくとよいのが、**BE・DO・HAVEの「ニーズの3段構造」**です。

　これは、マーケティング研究者である梅澤伸嘉氏の『消費者ニーズの法則』（ダイヤモンド社）に詳しく説明されていますが、**「人のニーズには"なりたい"、"したい"、"ほしい"の3段階がある」**という考え方です。

　人が何かを「ほしい」と思う背景には、「○○したい」や「○○になりたい」という上位のニーズがあります（次ページの図参照）。

　簡単に説明すると、消費者が発言として出やすいのは、図の一番下にある「HAVEニーズ」で「○○がほしい」というものです。このように表明される

BE・DO・HAVEの3つのニーズ

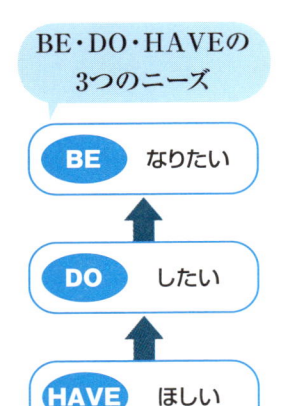

- **BE** なりたい
- **DO** したい
- **HAVE** ほしい

場合は、すでに存在する場合か、実現不可能な場合がほとんどです。

そこで「○○がほしい」という情報を手がかりに、**より上位の「○○したい」、「○○になりたい」というニーズを明らかにすること**で、未充足のニーズを探すヒントになります。

先ほどの「熱さまシート」の例で考えてみると、下図のようになります。

「何度もタオルを直す手間なく、子どものおでこを冷やしたい」という**DO**ニーズを見つけることで、新たな商品開発につながったともいえます。

また、その上位ニーズを「子どもを思うやさしい母親でありたい」と考えることで、「お母さんがやさしく子どもを見守る」といったCMなどのクリエイティブな訴求に生かすこともできます。

もちろん、**BE**ニーズ自体が新たな商品開発のヒントになることもあるでしょう。

「熱さまシート」のBE・DO・HAVE

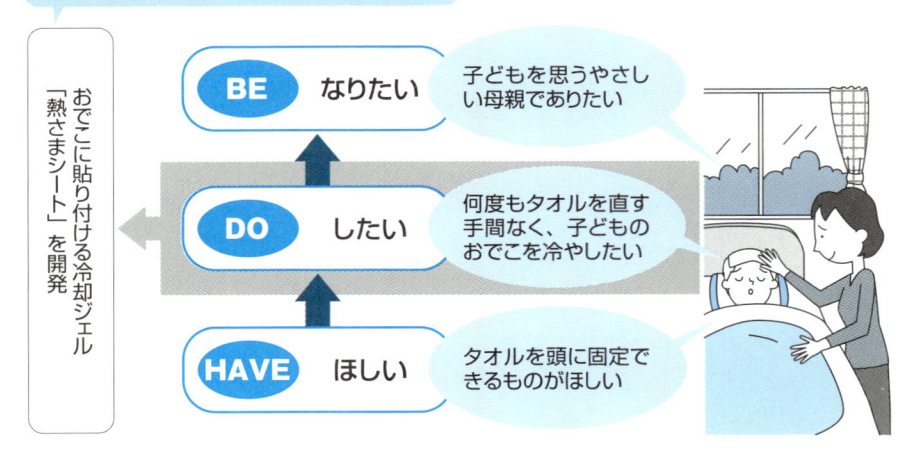

- **BE** なりたい：子どもを思うやさしい母親でありたい
- **DO** したい：何度もタオルを直す手間なく、子どものおでこを冷やしたい
- **HAVE** ほしい：タオルを頭に固定できるものがほしい

→ おでこに貼り付ける冷却ジェル「熱さまシート」を開発

❗「ムダ毛を処理したい」という気持ちのBEニーズとは

もうひとつ、例を紹介しましょう。

私が以前「ソラール」という、女性がムダ毛を除毛したり脱毛する商品のブランド担当をしたときに、若い女性のムダ毛に対するニーズを抽出するために、自前でグループインタビューをしました。

話を聞く相手は、社内の女性や、社員の知り合いの女性たちです。

そこでニーズの3段構造を明らかにして、新しい商品開発に結び付けようと考えました。

女性たちの発言から、「ムダ毛処理の商品がほしい」というHAVEニーズの上位には、単純に「ムダ毛を処理したい」というDOニーズというよりは、「ムダ毛が人から見られないようにしたい」というDOニーズが強いことがわかりました。

ここで直接的に「ムダ毛を処理したい」というDOニーズと考えてしまうと、「とにかくムダ毛を除去できるもの」と考えてしまい、発想が広がりにくくなります。

「ソラール」のBE・DO・HAVE

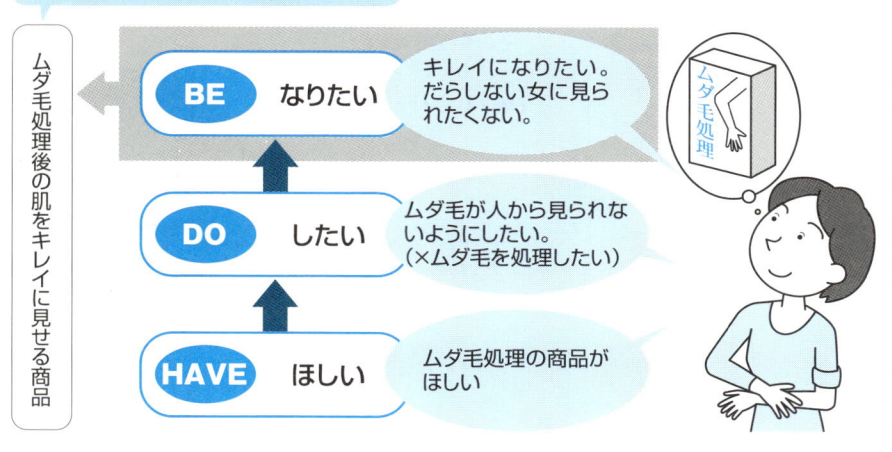

ムダ毛処理後の肌をキレイに見せる商品

- **BE** なりたい：キレイになりたい。だらしない女に見られたくない。
- **DO** したい：ムダ毛が人から見られないようにしたい。（×ムダ毛を処理したい）
- **HAVE** ほしい：ムダ毛処理の商品がほしい

そしてさらに上位には、「キレイになりたい」、「だらしない女に見られたくない」という**BE**ニーズがあると推察できました（前ページの図参照）。

彼女たちは別にムダ毛を処理したいわけではけっしてなく、いわば仕方なくやっているのです。

「ちょっとでも伸びていると、人前で気になる」という発言など、「他人からの視線」がポイントであることがわかったのです。

事実、女性たちは肌を露出する夏にはムダ毛処理を頻繁に行いますが、冬はその頻度が激減する傾向にありました。

そこで私は「キレイになりたい」という上位ニーズに対応し、「ただムダ毛を処理するだけではなく、処理後の肌もキレイに見せる」商品にニーズがあると考え、商品を開発しました。

具体的には、ワキの処理後の肌をキレイに見せるための、ワキの下の黒ずみや皮脂汚れなどを除去するマッサージ剤を発売し、販売数量5万本と、このカテゴリーにおいてはまずまずの成果となりました。

インタビューから消費者ニーズを見極める流れ

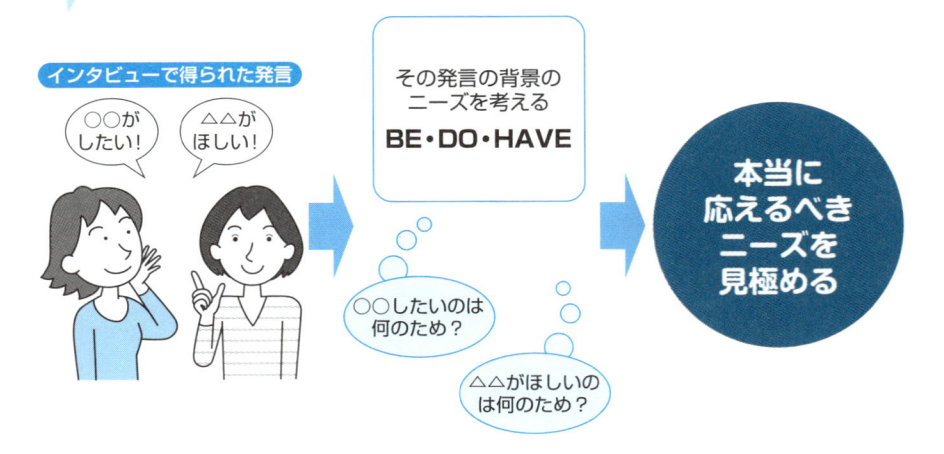

インタビューで得られた発言
「○○がしたい！」「△△がほしい！」

その発言の背景のニーズを考える
BE・DO・HAVE
○○したいのは何のため？
△△がほしいのは何のため？

本当に応えるべきニーズを見極める

② インタビューから「魅力的なコンセプトをつくる」

⚠ 消費者の声を聞きながら、コンセプトのブラッシュアップを

　消費者のニーズがわかっていたり、またよい商品アイデアがあって、それを「売り物」として形にするためのコンセプトをつくりたい、という場合にも、インタビュー調査は活用できます。

　「コンセプト」を直訳すれば、「概念」や「考え方」ですが、マーケティングでいえば**「その商品の特長や魅力をわかりやすく説明したもの」**です。

　コンセプトをつくるには、インタビューやアンケートなどから得られた情報を基に、ニーズに応える商品特長を記した原案を作ります。そして、それが本当に消費者に魅力と感じられるかどうか、検証のステップが必要になります。

　その際、**消費者にコンセプトの原案を見せて、印象や評価を聞く**ことでそのコンセプト全体の魅力度や、改善すべき点、より強調すべき点などがわかってきます。そして、その理由を確認することで、ブラッシュアップの方向性も見えてきます。

　また、商品を説明する言葉が、企業の意図とは異なったイメージや意味で消費者に受けとめられるケースがよくありますが、コンセプトを直接見てもらうことで、誤解される部分があるかどうかが事前にわかります。

　できれば、**インタビューを経てブラッシュアップしたコンセプトに対する定量的な消費者評価を、アンケートによって確認すると**、なおよいでしょう。

　こうすれば、そのコンセプトに添った商品を発売したときに、消費者に受け入れられる可能性がより高まってくると思われます。

⚠ 生活をリアルに想像することでコンセプトが浮かぶ

では、コンセプトの原案自体を考えるのはどうすればよいか、という点ですが、ここは作り手（マーケター）側のセンスや創造力にかかっています。

ですが、「**消費者の生活をよりリアルに想像する**」ことで、そのセンスや創造力を刺激し、コンセプトが浮かびやすくなることは、よくあります。

先に、コンセプトについては「商品の特長や魅力をわかりやすく説明したもの」と説明しましたが、消費者に向けて新たな商品開発をするためのものと考えると、「**ニーズを満たす方法や、それによるベネフィットをわかりやすく表現したもの**」と言い換えることもできます。

なぜなら消費者に必要とされる商品というものは、何かしらニーズに応えていて、ベネフィットを与えられるもの、と考えられるからです。

「どんなニーズやベネフィットがあるか？」を見出すためには、消費者が実際にどのように生活していて、どんな風に考えているのかをリアルに感じ、想像力を働かせることが大事です。

そのためには、生身の消費者から話を聞くことが最初の一歩になると思います。

マーケティング担当者が消費者の声を直接聞くことは、単に情報が集まるというだけではなく、**直に消費者に接することで想像力が膨らみやすくなる**という意味でも有益といえます。

五感で消費者情報を得ることによって、発想が広がりやすくなるという効果もあるでしょう。

⚠ 消費者にとっての「ならではの価値」を考える

魅力的なコンセプトをつくるうえで、もうひとつ大切なポイントは、
「**消費者にとっての『ならではの価値』**」

を考えるということです。

　企業はともすると、消費者よりも競合他社を見て今後の戦略を考えてしまうことが多いものです。

　もちろん、競合との差別点も重要なのですが、コンセプトづくりにおいては、単に競合との違いがどうであるかだけではなくて、"消費者から見て"どのような差別性があるか、つまり**「他の商品にはない、この商品ならではの魅力があるか」**が重要になります。

　その際にも、消費者のリアルな意見は参考になります。これはコンセプトづくりだけではなく、次のステップであるプロダクトの開発においても大事な要素といえます。

インタビューから魅力的なコンセプトをつくる流れ

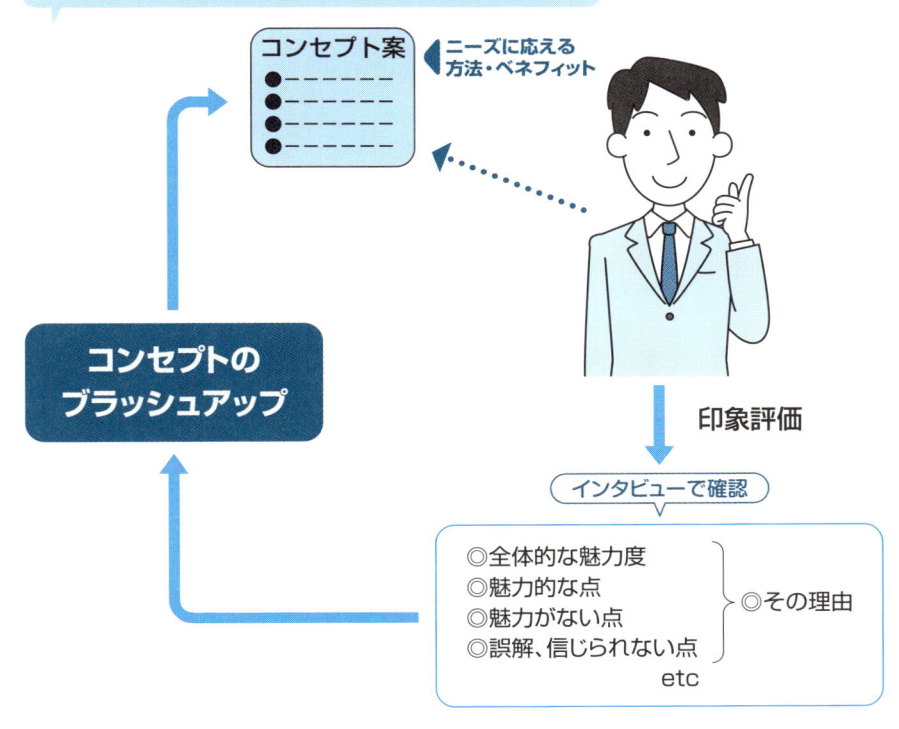

コンセプト案
- ────
- ────
- ────
- ────

ニーズに応える方法・ベネフィット

印象評価

インタビューで確認

◎全体的な魅力度
◎魅力的な点
◎魅力がない点
◎誤解、信じられない点
　　　　　etc
　　　　　　　　　　◎その理由

コンセプトのブラッシュアップ

③ インタビューから「プロダクトの開発につなげる」

⚠ コンセプトが魅力的かどうかが大前提

　コンセプトが出来上がったら、次はモノ自体、つまりプロダクト開発になります。プロダクト開発は、基本的に**「魅力的なコンセプトを実際の商品として具現化すること」**といえます。

　コンセプトと同様にプロダクトが魅力的かどうかを見極めるためにも、インタビューは活用できます。

　話が元に戻るようですが、「また買いたい」と思わせるプロダクトを開発するためには、コンセプトが充分に魅力的であることが前提となります。

　コンセプトが魅力的でなければ、実際にモノが出来上がったとしても「売れる商品」にはならないため、開発する時間と労力が無駄になってしまいます。

　ただ、実際のビジネス場面では、コンセプトの魅力度を高めることに延々と時間をかけられないケースもあり、コンセプトづくりにどの程度の時間をかけるかは、その時々の状況判断が必要といえます。

⚠ プロダクト開発段階のインタビュー調査のやり方

　プロダクト開発段階でのインタビュー調査のやり方には、いくつかのパターンがあります。

　第一は、**事前に試作品などを使ってもらい、その感想を聞く**というやり方です。

　たとえば、オムツやシャンプーなど、インタビュー現場で使ってもらうことがむずかしい商品は、自宅で普段どおりの使い方で試してもらいます。

　何日か続けて使ってもらえることができるので、使用ごとの感想を日記形

式のアンケートに書いておいてもらう場合もあります。

　その後、インタビューし、実際に使ってみての評価を確認します。

　第二は、**試作品などの使用前にコンセプトを見てもらい、実際に使ってみてギャップがないかどうかを調べる**やり方です。これは、商品開発を進めるうえでとても参考になります。

　たとえば、コンセプトではとてもよさそうに感じても、使ってみたらそのように感じないという場合は、コンセプト力にプロダクト力が追いついていないといえます。

　また、コンセプトでは表現されていなくても「実際に使ってみると、こんなよさがあった」という場合もあります。そのようなときは、逆にプロダクトの魅力点をコンセプトに反映するという改良につながります。

　第三は、**インタビューの場面で使ってもらうことが可能な商品であれば、その場で生の意見を聞く**やり方です。

　たとえば、機械であればマニュアルを読んで実際に操作してもらう、食品であれば試食してもらいます。その様子が直に観察できるので、よりリアルな反応が読み取れます。

　この場合も、インタビューの前後にコンセプトを提示すれば、コンセプトとのギャップを測ったり、コンセプトやプロダクトを改良するヒントを得ることができます。

　第四は、**実際の使用現場で商品を使ってもらう**やり方です。たとえば調味料だったら、自宅で普段料理するように使用してもらいます。その様子を観察させてもらうことで発見もあります。

　そのほか、施設やサービスなど、その場でなければ体験できないことなどは、消費者に実際に現場に一緒に行ってもらってインタビューすることもあります。

このように、インタビューの方法はさまざまですが、実際に使ってもらうことでプロダクトの魅力度がわかってきますし、評価の理由を聞くことで、どのように改善すればよいのかのポイントも見えてきます。

　また、**実際に使ってもらうことで、企業側が想定していなかった新たな課題に気づかされる**ことも往々にしてあります。たとえば「表示の文字が見えにくい」、「予想以上の力を加えて使うので強度が必要」といったことです。

❗ できるだけ現実に近い状況で使ってもらう

　以上の説明でお気づきかもしれませんが、消費者に試作品などを使ってもらってその感想を聞く場合、商品特性によって限界もありますが、「**できるだけ実際の使用場面と同じ状況に近づける**」ことがとても重要です。

　化粧品だったら実際に塗ってもらう、調理用具だったら実際に何か調理してもらう、ゲームだったらプレイしてもらう、といったことです。

　最近は、インターネットのホームページがどのように使われるか、評価するための「**ユーザビリティテスト**」というものもよく行われていますが、これもひとつのプロダクト評価といえます。

　ホームページも、実際に消費者に検索やページ閲覧などの操作をしてもらってチェックすることで、制作側が意図したとおりに伝わっているかの確認ができます。

　消費者の行動は無意識なので、その状況にならないと本人ですらわからない、ましてや企業側には見えてこないということも多いのです。

　たとえば、任天堂の「Wii」は、発売前に子どもを集めて遊んでもらったところ、予想以上にリモコンを振り回すので、受信機の感知度やリモコンを腕に固定する紐を改良したそうです。

　開発段階では、社内の大人たちが使っていたので、それほど強くは振らなかったのでしょう。これも、ターゲットである子どもに実際に使ってもらったからこそわかったことなのだと思います。

インタビューからプロダクトの開発につなげる流れ

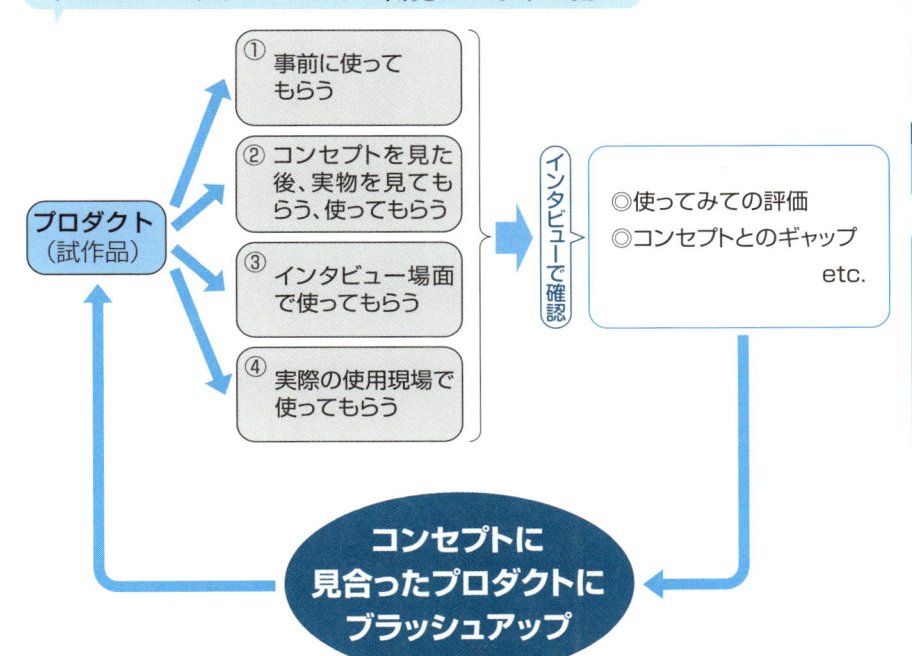

プロダクト（試作品）

① 事前に使ってもらう
② コンセプトを見た後、実物を見てもらう、使ってもらう
③ インタビュー場面で使ってもらう
④ 実際の使用現場で使ってもらう

インタビューで確認

◎使ってみての評価
◎コンセプトとのギャップ
　　　　　　　　etc.

コンセプトに見合ったプロダクトにブラッシュアップ

Part 3　インタビュー調査の活用（1）――商品開発の情報収集

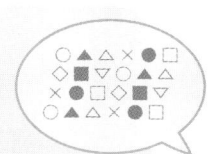

Part 4

インタビュー調査の活用(2)
——デザイン、広告の情報収集

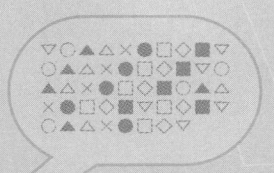

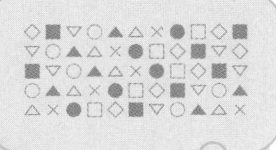

① インタビューから「よりよいデザインをつくる」

❗ パッケージデザインの評価に有効なインタビュー調査

　パッケージや広告、チラシ、ホームページなどのデザインをつくるときにも、インタビュー調査はよく活用されます。
　ここでは、一般流通向けのパッケージデザインを例にとってお話しましょう。

　スーパーマーケットやドラッグストア、コンビニエンスストアなど、棚に並んでいる商品を客が自分で選ぶ、いわゆる「セルフ売場」の場合、パッケージの果たす役割はとても大きいものです。
　なぜなら、消費者はパッケージでしか「その商品がナニモノであるか」つまり、特長や他の商品との違いなどを理解できないからです。
　理解できないと、「買いたい」という欲求もなかなかわき上がってきません。

　また理解以前に、「目に付くか」という問題もあります。百貨店などであれば、販売員が説明をしてくれたり、お勧め商品を教えてくれたりしますが、セルフ売場ではそうはいきません。
　ご存知の方も多いかと思いますが、広告コミュニケーションの分野では、「AIDMAの法則」もしくは「AIDAの法則」と呼ばれる有名な理論があります（次ページの図参照）。
　セルフ売場のパッケージによるコミュニケーションも、この法則に近いものがあります。ただ、売場ではMemory（記憶）する必要はないので、実際は「AIDA」のほうがより近いといえるでしょう。

　売場では、まず棚の中で目を引いて気がついてもらい、次にパッケージに書いてあるイラストや文字情報を見て、「何だろう？」と興味を持ってもらうこ

とが第一歩になります。

　商品の特長を理解して、「これがほしい」と感じ、価格が見合うものであれば購入という行動につながります。

　つまり、消費者の内部で、「パッケージを見ての反応」がいろいろと起きており、購買してもらうためには、それぞれの段階をクリアしないといけないことになります。

　このように**「何か、対象物を見ての反応」を事前に知る**うえで、インタビュー調査はとても役立ちます。

　なぜなら、発言だけではなく、表情などからも反応がわかりますし、そのときに感じたことをリアルに語ってもらえます。

「AIDMAの法則」

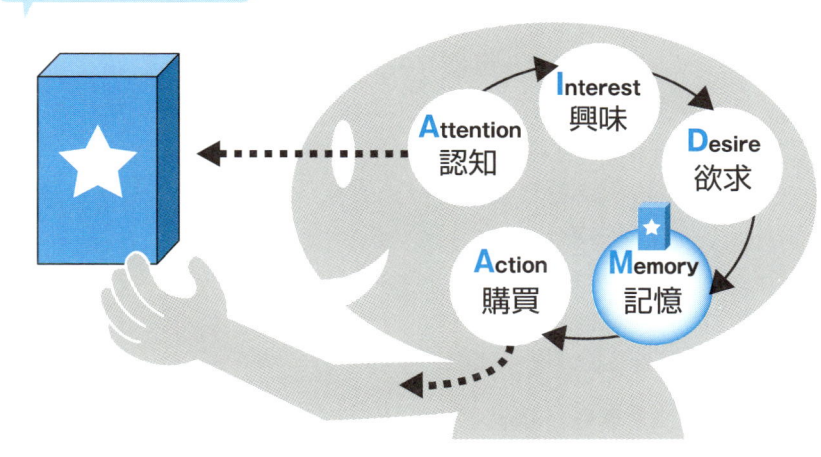

Attention 認知
Interest 興味
Desire 欲求
Memory 記憶
Action 購買

⚠️ デザイン評価における確認ポイント

パッケージのデザイン評価で確認する内容は、おおよそ以下のようなものです。

- 棚に置いた状態で目に付きそうか
- 遠目からの印象
- じっくり見ての印象
- 買いたいと思うか、思わないか
- 誤解はないか
- （複数案あった場合）相対評価

インタビューする際は、なるべく"現実と同じ状況"つまり、その商品が消費者の目に触れる状況に近づけます。

もちろん会議室で行う場合などは限界がありますが、できれば、実際に商品が並ぶ棚など、店頭の状況を再現するのが一番よいと思います。

ここではセルフ売場の商品を例にとっていますが、実際の店頭に近い状況で、競合商品の中に自社商品を置きます。

発売済みのものであれば実物を置けますが、発売前の場合はデザイン案の段階ということも多いでしょう。そのときは、モックアップ（試作品）や実物大のプリントアウトなど、極力完成版に近いものを用意して使います。

⚠️「パッと見の印象」を大切にする

聞き取りをするときも、「現実と同じ状況」を意識しましょう。

消費者はだいたい「パッと見の印象」で商品について判断します。商品タイプにもよりますが、実際の購買場面では消費者はさほど時間をかけません。

アメリカの研究結果によると、消費財の場合は半数の人がたったの5秒で買う商品を決めているそうです（参照：杉本徹雄編著『消費者理解のための心理学』）。

インタビュー調査のように、デザインを見てもらって印象を聞くというのは、ある意味消費者にとっては異常な状況といえるのです。

　一般に消費者は情報量が少ないよりは多いほうが、購買意欲が高まるとされます。
　たとえば、テレビショッピングがよい例です。最初はあまり興味もなかったような掃除用品が、くり返しさまざまな情報が提供されることで、「何となくほしい」という気分にさせられてしまいます。
　しかし、**インタビュー調査の場面では情報量が多いことは逆にマイナス**になります。聞き取りの相手が考えれば考えてしまうほど、実際の状況とは離れていってしまいます。
　より正確な評価を得るためには、なるべく**「パッと見たときの反応」を拾う**ことが大事です。

　そのため、デザイン評価のインタビュー調査でとくに大事なのが**「初発反応」**です。初発反応とは、第一印象からもたらされる消費者の発言や表情などの反応のことです。
　あれこれ考える前に、パッと見の印象を確認できるのがインタビュー調査のいいところです。
　次に**「態度変化」**を見ます。初発反応の後徐々に情報量を増やしていって、パッと見で感じたことが、どのように「買いたい」または「買いたくない」という態度に変わるか、ということです。
　最初にパッケージデザインを遠目に見てもらったら、次はじっくりと手にとって見てもらいます。そして裏面を見てもらったり、より詳しい説明文やリーフレットなどを見てもらったりします。
　すると、「どういう情報に触れたときに、より態度がポジティブに（またはネガティブに）変わりやすいか」ということがわかります。
　そのような**態度変化をもたらしやすい情報**がより伝わるように、パッ

ケージデザインの修正や、広告・販売促進などの情報提供内容に反映するのです。

このような態度変化も、アンケート調査などではなかなかわかりにくい部分です。

⚠️ つくり手、売り手には、さまざまな思い込みがある

消費者の反応はきわめて単純なもので、パッケージの色ひとつ、コピーの言葉ひとことで大きく変わるものです。私もメーカーのマーケター時代は、とても慎重になりました。

売上げに直結するこうした消費者の反応は、事前にわかって損になることはひとつもありません。

ここで私の失敗談をお話しましょう。

ずいぶん前ですが、ある女性向け商品のマーケティング担当をしていたときのことです。

その商品は消費者調査から使用オケージョン（機会）に夜と昼があり、それぞれでニーズが異なることがわかりました。

そこで、それまでなかった「夜」というオケージョンに絞った商品を開発し、「夜専用」という新カテゴリーで売り出すことにしたのです。

その商品の最大のポイントは「はじめての夜専用」ということでした。そこでパッケージの色は夜をイメージさせる青色ベースに決まりました。

発売前にコンセプト調査や使用テストを行ったのですが、消費者から「使いたい」という声が多く寄せられ、高い評価であることが確認されました。

パッケージのデザイン調査でも、他の商品に比べて目に付きやすくお店の棚で目立つことがわかり、期待いっぱいで発売の日を迎えたのです。

ところが発売後、思ったように売上げが伸びませんでした。どうやら消費者が店頭で商品を選ぶ際に迷ってしまっているようなのです。

原因を探るべく、すぐにグループインタビューを行いました。

店頭を再現して、そこで消費者に商品について印象を確認してみると、意外なことがわかりました。

その商品は「単なる青いパッケージ」に見えるだけで、「夜専用」とは認識されていなかったのです。

つまり、パッケージから「夜専用」という特徴がうまく伝わらず、購買に結びついていなかったのです。

⚠️ 事前調査を怠ると、高い代償を支払う羽目に

発売前の調査では、パッケージは目立ちやすさを重点的に定量的に確認したのみでした。その時点では、パッケージを青色にすれば充分に「夜専用」という特徴が伝わると考えていたのです。

実際に、青だったら夜とわかるかどうかは確認したわけではなく、「青＝夜」と勝手に思い込んでいたのです。

そのため、「夜専用」と認識されるかどうかは、パッケージ上のキャッチコピーを中心に確認していました。

しかし、消費者は実際には店頭でじっくり商品を見るわけではありません。「パッと見で夜用と感じられるか」というチェックをしていなかったのです。

「夜専用」であることが最大の差別点なので、そのことが伝わらなかったら元も子もありません。発売後すぐにパッケージをリニューアルせざるを得ませんでした。

「夜専用」という文字をより目立たせ、星のイラストを入れるなど直感的に「夜」が伝わるようにしたのです。

その後、「夜専用」という新奇性が消費者に受け入れられ、売上げは順調に伸びましたが、もし事前に消費者の反応を確認していたら、余分なパッケージ代やデザイン費用などのコストをかけずに済んだはずです。

このケースの最大の失敗は、「夜用＝青」で充分に消費者に伝わると、勝手に思い込んでしまったことです。

　もし事前に、パッケージから受ける印象を消費者に「自由に」語ってもらっていたら、思いもよらない消費者の反応がわかり、自らの思い込みに気がついたことでしょう。

　こうした思い込み取り払うためにも、また、後々不要なコストをかけないためにも、事前にインタビュー調査をすることの価値は大きいといえるでしょう。

⚠ ホームページも思い込みだけでつくらない

　ホームページ（HP）のデザインはパッケージに比べると、変更が比較的簡単なので、あまり事前に調査などしない場合も多いかと思います。

　ですが、消費者との接点という意味では、企業にとって非常に重要なコミュニケーション媒体といえるでしょう。

　企業側の思い込みだけでつくると、予想外の誤解や、使い勝手（ユーザビリティ）の悪さなども出てきます。

　最近はHPのユーザビリティ調査専門の会社に調査を依頼する会社も増えてきました。

　そこまで本格的に調査せずとも、担当者が自分でターゲットを呼んで、実際にその場でHPを見て操作してもらうだけでも、いろいろと気づかされるはずです。

　その場合も、**「初発反応」と「態度変化」がどのように起こっているか、に注意を払う**ことが大事です。

　HPの調査の場合、調査に協力してくれる人が1人黙々と操作をしてしまいがちですが、その都度、操作の理由や感じたことなど、頭の中で考えていることを言葉にしてもらうことがポイントです。

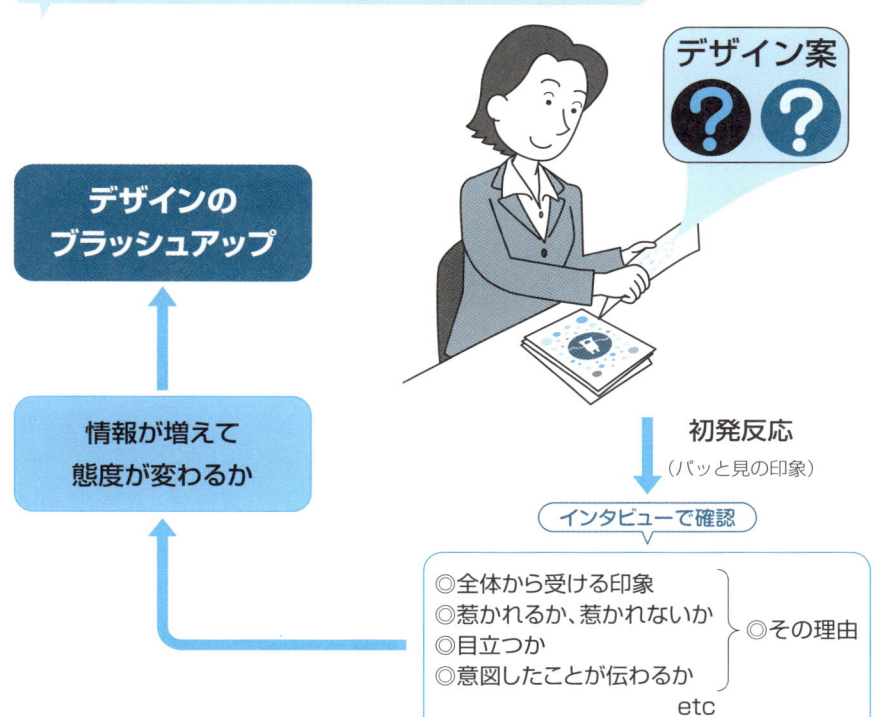

インタビューからイメージを高めるデザインをつくる流れ

デザイン案

デザインの
ブラッシュアップ

↑

情報が増えて
態度が変わるか

初発反応
（パッと見の印象）

インタビューで確認

◎全体から受ける印象
◎惹かれるか、惹かれないか
◎目立つか　　　　　　　　　　　　◎その理由
◎意図したことが伝わるか
　　　　　　　　　　　　etc

Part 4　インタビュー調査の活用(2)　——デザイン、広告の情報収集

② インタビューから「効果的な広告戦略を考える」

⚠ 理解されない、誤解される広告表現にしないために

　広告による企業と消費者とのコミュニケーションは、50～51ページで説明した**AIDMA**のステップがオーソドックスな流れになります。

　ただ商品が販売されているだけでは、消費者は気づきもせず、興味を持たないので、結果として買う機会もなくなってしまいます。しかし、そこに広告というメディア（媒体）が存在することによって、企業から消費者へのコミュニケーションが成り立つのです。

　広告でとくに気をつけなければいけないのは、「**その表現で、誤解されないか？**」、「**意図した内容が伝わっているか？**」ということです。

　だいたいにおいて、商品に対する企業側の思いと消費者の認識との間にはギャップがありますし、商品知識の面でも大きな差があります。

　そうしたことに思い及ばず、企業側はついつい当たり前のように専門用語、業界用語などを使ってキャッチコピーをつくってしまいがちです。

　マーケティングにおいて、「理解できない」ということはとても危険なことです。なぜなら「**理解できない＝興味を持たない**」という図式になるからです。

　人間は、意味がわからないものはすっと頭に入ってこないので、そこで思考ストップになってしまいます。それ以上の「何だろう？」という関心が湧かないのです。

　意味の伝わらない表現をすることは、単に理解されないだけではなく、消費者の関心の範囲に入らないことになるので非常にもったいないことです。

　広告は、企業と消費者との間の**ギャップを埋める手段にもなれば、ギャップを生みだしてしまう場合もある**のです。そうしたギャップを知るうえで、インタビュー調査による確認は大変有効な手段といえるでしょう。

コラム

「くつろげる個店」って何？

　先日、居酒屋を経営している友人の男性に会ったら、インターネットの「ぐるなび」に載せるお店の宣伝用キャッチコピーを思案中でした。

　コピー案を見せてもらうと、店の特長を表すのに「くつろげる個店」という言葉を使っていました。

　みなさん、この言葉の意味がパッと見てわかりますか？　私は、すぐにはピンときませんでした。

　意味するところは、「チェーン店ではない、個人オーナーの店」ということで、ちょっと考えれば確かにわかります。でも、「個店」が誰にでもなじみのある言葉かというと、そうでもなさそうです。

　友人にそう指摘すると、「業界紙などでは普通に使っている言葉だったので、誰にでもわかると思っていた」ということでした。何の疑問も持たず使っていたのですね。

　でも事前にちょっと確認するだけで、私のようにそれがすぐに理解できない人もいるということがわかります。

　その後その友人は、別の友人たちにもコピー案を見せて意見をもらったそうです。

　やはり、私同様に「"個店"はわからない」と言われて、この表現を見直したとのことでした。

　伝わりにくい表現を回避できたので、事前に聞くことのメリットも感じたようです。

⚠ 伝えたいブランドイメージを決めるヒントに

　広告の大事な役割として、**「ブランドイメージの醸成」**があります。ブランドイメージとはブランドの世界観です。

　ブランド・コンサルタントの水野与志朗氏の言葉を借りれば、「そのブランドらしさ」を表したもの、といえます(『事例でわかるブランド戦略実践講座』日本実業出版社より)。

　ブランドイメージは、ブランドと消費者の接点の積み重ねにより、消費者の心の中に形成されます。そのため、企業側が作用をすることには限界があります。

　「こういうイメージを持ってもらいたい」と、意図的につくり上げるうえでは広告が果たす役割が非常に大きいといえます。

　伝えたいブランドイメージを決めるうえでも、インタビュー調査はとても役立ちます。なぜなら、**ブランドイメージは、既存のコアの顧客、つまり"ファン"が持つイメージがヒントになる場合が多い**からです。

　もし新商品であれば、競合とみなされるブランドのイメージを確認することで、差別点を知ることができるでしょう。

　経営コンサルタントの須藤美和さんが書かれた『実況LIVEマーケティング実践講座』(ダイヤモンド社)に清涼飲料の「DAKARA」の事例が紹介されていますが、そのなかに、競合のイメージ調査を活用した話がありました。

　「DAKARA」の開発においては、「スポーツ飲料カテゴリーでの新商品を作る」という目的があったそうです。

　そこで、代表的ブランドの「ポカリスウェット」のイメージを抽出し、スポーツ飲料のイメージを確認しました。すると、「スポーツのときに飲む」、「のどが渇いたときに飲む」というイメージに加えて、「体調を整える」という医療的なイメージがあることがわかりました。

しかし、「ポカリスウェット」をはじめ競合商品は医療的イメージは訴求していません。消費者が勝手に（もしくは無意識に）期待し、イメージを持っているのです。
　そこで「DAKARA」は「スポーツ飲料カテゴリーで、医療的イメージを持つブランド」としてポジショニングを決め、そのようなイメージを与えるために広告をはじめとした消費者コミュニケーションを打ち出したということでした。

　ブランドイメージというものは抽象的なので、消費者自身も言葉にしにくく、また自覚すらしていない場合もあります。
　そのため、引き出すうえではアンケートのような選択肢では限界があることが多く、まずはインタビュー調査でどのような単語が出るか、というところから始まることも多いと思います。

⚠ 消費者のありのままの受けとめ方を把握する

　広告戦略というと、つい「伝えること」に気をとられがちですが、**消費者にどのように受けとめられたかを、ありのままに確認する**ことも大変重要なポイントといえます。
　ここでも企業側が先入観を持つことは極力避けるべきです。広告クリエイティブの評価もそうですし、ブランドイメージの確認もそうです。
　まずは「消費者のありのまま」を知り、どのようなギャップがあるか知りましょう。そのために、インタビュー調査は大いに役立つはずです。
　企業と消費者のギャップを把握できたうえで、そのギャップを埋める具体的な方向性が示されることが、よい広告戦略だと思います。

インタビューで効果的な広告戦略を考える流れ

【1】誤解のない広告にする

広告案

インタビューで確認
- ◎伝えたいことが、伝わっているか
- ◎誤解されることはないか

→ **広告のブラッシュアップ**

【2】ブランドイメージを醸成する

ブランドのファン

インタビューで確認
- ◎そのブランドらしさは何か
- ◎競合ブランドのイメージ
- ◎そのブランドに消費者が持つイメージで、現在、訴求していないものは何か

→ **伝えたいブランドイメージ**

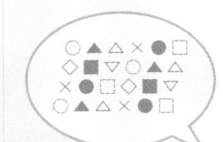

Part 5
インタビュー調査の活用(3) ——不振脱出への突破口を探る

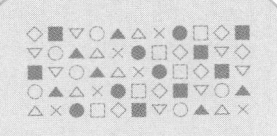

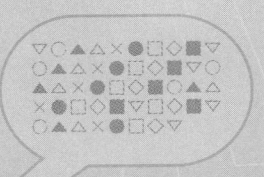

1 インタビューから「顧客満足度を高めるヒントを得る」

❗ トライアル重視からリピート重視の時代へ

　非常に極端な言い方をすれば、これまでの対消費者ビジネスは「とにかく一度でも買ってもらうこと」が重視される傾向でした。つまりトライアル重視です。

　しかし最近は、「**ライフタイムバリュー（顧客生涯価値）**」ということが言われ、「**1人のお客さまの一生において、いかに買ってもらえるか**」という視点で戦略を考える傾向が高まっています。顧客満足重視、リピート重視といえます。

　ライフタイムバリューを増大するためには、トライアルしたお客さまに継続的に買ってもらえる仕組みが必要です。

　それが「**CRM（カスタマー・リレーションシップ・マネジメント）**」と呼ばれる顧客関係管理の中心概念です。

　マーケティングの基本としてリピートが大事であることは、とくに消費財メーカーでは以前から強調されていました。なぜなら、**リピートが利益の源泉**だからです。

　私自身、いつも考えていたのは、「いかにリピートしてもらうか」ということでした。

　トライアルももちろん大事ですが、トライアル客を獲得するには、広告費など多大なコストがかかります。

　通販商材の場合は、広告に対するレスポンスがわかりやすいため、とくに実感できましたが、注文単位のコスト（CPO）でみると、リピート客とは10倍以上の差があることもまれではありません。

　トライアル客ばかり多くても、コストがかかるので利益につながりにくいの

です。

　また、**リピート客がファンとなると、周りの人に口コミをしてくれる**といううメリットも期待できます。

　一方で、基本的にリピート購入がない、もしくは少ない業界（たとえばウェディング、お葬式、住宅など）もあります。
　そのような業界では、「気に入って、また買ってもらう」というリピートがそれほどないため、顧客との関係性について、あまり深く考えずに済んでしまった、という面はあると思います。
　とにかく、重点的にトライアル客の獲得をめざし、悪い表現をすれば「売り逃げ」ができてしまったわけです。
　一般消費者の情報伝達力が低かった時代はともかく、インターネットが普及し口コミの影響力が高まった現在では、そのような「売ればOK」といった姿勢では、消費者の信頼を得ることはむずかしく、企業の存続は危ういと言わざるを得ないでしょう。

❗ お客さまのタイプに応じた対応を探る

　まず、満足度を高めるために不可欠なこととして、商品そのものの品質が高いことは言うまでもありません。
　そのうえでいま求められているのは、お客さまに満足してもらって、また買ってもらう、口コミしてもらう、そんな関係が続くような戦略です。
　そうした戦略を考えるうえで手がかりとなるものは、やはりお客さまのリアルな情報です。それを効率よくすくい上げる手段として、インタビュー調査の活用価値はとても高いのです。
　「お客さまのリアルな情報」といっても漠然としているので、インタビュー調査で探るポイントを別の表現で言い換えましょう。
　それは、「**お客さま1人ひとりの違い**」です。

CRMの大事な視点として、「顧客をひとくくりにしない」ということがあります。

　どういうことかというと、顧客、つまり買ったことがある人という意味合いにおいても、一度だけ買った人もいれば、2回以上買った人もいる。たまに買う人もいれば、毎月のように頻繁に買っている人もいるわけです。また金額の大小などでも違いがあります。

　また、買っていたけど買わなくなった人や、知っているのに一度も買わない人もいます。

　もちろん、購買回数や頻度、金額が大きいほうが、よりロイヤリティが高い優良顧客といえます。

　マーケティング活動では、このような「ロイヤル顧客」をいかに増やすかが中心課題なのです。

　顧客をひとくくりにせず、区別したうえで、それぞれのクラスに応じた対応をすべき、と考えられます。

　同じ商品の顧客といっても、それぞれの購入状況によって商品に対する態度が違います。

　私自身が長く携わってきた消費財カテゴリーでは、次ページに掲げたような顧客区分がよく使われています。

　「インタビュー内容」にあるような理由情報は、行動履歴やアンケートだけではなかなかつかみにくいものです。お客さまに直接インタビューすることで、それぞれの顧客への対応方法のヒントが見つかるのです。

消費財における顧客区分とインタビュー内容

顧客区分	インタビュー内容
1 継続購入者 リピートしている人	**「なぜ買っているか？」** を探ることで、その商品の**魅力点**が明らかになる。
2 未購入者 買ったことがない人	もしその商品の存在自体を知っているのであれば、**「なぜ知っているのに買わないのか？」** を探ることで、買わない原因がコンセプトの問題なのかターゲット設定の問題なのかがわかり、**トライアルを促す要因**が浮き彫りになる。
3 中止者 買ったことがあるが、買わなくなった人	**「なぜ買わなくなったのか？」** を聞くことで不満足点やコンセプトと品質とのギャップがわかり、**リピートを促進する方策**に結びつく。

⚠ リピート客を増やすには、きめ細かい対応が必要

　私は以前、自然派の通販基礎化粧品（石鹸や化粧水など）のブランド・マネジャーをしていたことがあります。

　この商品は、植物成分の独特の強い香りが特徴でした。しかし通販では、消費者に香りを実感してもらえないため、なかなかよさを伝えられないジレンマがありました。

　そのため、広告ではさほど香りについては訴求しませんでした。

　しかし、実際にお客さまにインタビューをしてみると、リピート購入している人は、香りにそのブランドならではの魅力を感じていることがわかりました。

　反面、購入を中止したお客さまは「こんなに香りが強いと思わなかった」と、ネガティブな感想でした。植物成分が主体であることから、何となく無香料に近い印象を持っていたようです。

それが購入してみると、思った以上に香りが強かったので、「イメージが違う」というネガティブ評価になってしまいました。
　つまり、リピート客になってもらうには「ブランドの特徴である香りを、魅力と感じてくれること」が重要と考えられました。

　そこで、広告展開では「香りが強いこと」を前面に打ち出し、コンセプトと実際の品質とのギャップを縮めることにしました。
　このブランドの魅力が理解されるであろう香りにネガティブな意識がない人、香りがある化粧品が好きな人を集める目的もありました。
　また気軽に試せるように、コスメサイトでサンプル配布キャンペーンを行ったり、トライアルセットを用意したりしました。これも、まず"香り"を知ってもらうためです。
　さらに、何度か購入しているお客さまには、「お得意様限定」としてブランド独特の香りを配合した非売品のアロマキャンドルをプレゼントしました。
　より関係性を高めて、ファンになってもらうために、「あなたのために」という特別感を与えることが目的でした。

　もちろん業界や商品によって、お客さまが求めるものもさまざまです。だから、自社の顧客がどのように区分されて、それぞれのタイプがどのようなことを求めるのか、を把握することで、戦略に生かされるのです。
　購買行動の客観的なデータを基に顧客分類する作業も大事ですが、加えて、インタビューでリアルにお客さまと接して、どのような購買経路をたどっているか、どのように自社ブランドについて感じているか、という情報を抽出することも大いに役立ちます。
　ブランドの魅力というものは、往々にして消費者の中に内在しています。どのような人が、どのように感じるか、それを探り当てることがブランド育成においては鍵といえるのです。

> インタビューから顧客満足度を高めるヒントを得る流れ

継続購入者

↓

どのような人がいるか、インタビューで見極めて、その人たちに合った対応をする

気に入っている理由は？
不満、要望は？

中止者

買わなくなった理由は？

リピートしつづけてもらう戦略へ！

Part 5
インタビュー調査の活用(3)
──不振脱出への突破口を探る

② インタビューから「商品が売れない原因を探る」

❗ お客さまのタイプごとのギャップを探る

　先に、マーケティング活動で調査を重視している企業では、ブランドの好不調に関わらず、調査タイミングをスケジュール化して実施していると述べました。しかし、まだまだ多くの企業では、実際に何か問題が起こってから調査し対策を立てているのが実情ではないかと思います。

　また、たとえ事前に念入りな調査をしていたとしても、現実世界では想定どおりにいかないことも当然あります。

　では、「思ったように売れない」、「売上げが下がってきた」という事態になったら、どのように対応すればよいでしょうか。

　まず、「売れない」実態が次のどちらか（もしくは両方か）を見極めます。

- **トライアル（新規顧客）が少ない**
- **リピート（既存顧客のリピート購入）が少ない**

　次いで、トライアルやリピートが阻害されている原因を探ります。このように要因を探るときには、理由情報がわかりやすいインタビュー調査が向いています。

　もちろん、数値としてトライアル率とリピート率の推移を確認して仮説を立てることも重要です。インタビューだけで解決可能と言っているわけではありませんので誤解のないように。

　ここで、前項でお話した「顧客をひとくくりにせず、区別して考える」ことが必要になります。

　顧客タイプによって、その商品に対する態度がどのように違うのかを探り、

そのギャップの理由を考えることで解決策につながります。
　おおまかには、次のような考え方です。

- **トライアルが少ない要因 ➡ 未購入者と継続購入者・中止者のギャップ**
- **リピートが少ない要因 ➡ 継続購入者と中止者のギャップ**

　たとえば、ある商品の売上げが不振となり、その原因としてリピートに問題があると考えた場合、「既存のお客さまに、何か不満があるのでは?」と担当者は思うでしょう。そこで、「お客さまの声を聞いてみよう」ということになります。

　リピート対策としてはもちろんよいのですが、その声にあまりにも忠実に対応しすぎると、また別の問題が発生します。

　よくありがちなことですが、過剰品質になったり、マニアックなものに走ってしまうといった傾向です。

　こうなると、一般消費者は離れてしまい、ますますトライアルを阻害することになります。

　バランスを欠かないためには、既存のお客さまでも、気に入って継続している人と中止してしまった人の両方の情報があるとよいでしょう。

　いずれにしても、**トライアルとリピートの両方から考える**ことが不可欠です。

⚠ トライアルの阻害要因を明らかにする

　「なぜトライアルされないか」という理由は、未購入者に聞いたほうがわかりやすいものです。

- **そもそも、その商品の存在に気がついていない**
- **商品の存在に気がついているが、よさがわからない**
- **その商品を買いたいけど機会がない**
- **他の競合ブランドのほうがよいと思っている**

といったトライアルの阻害要因は、未購入者に聞かないとわからないもの

です。

　また、そのブランドに対する印象が、未購入者と購入経験者でどのように違いがあるか、ということもヒントになります。

　「購入者がトライアルに至った要素」を積極的に未購入者にも広げていくような施策をとることで、トライアル改善の道筋が見えてくるのです。成功パターンを生かすのです。

　本書の冒頭で、私の苦い思い出として浄水器「ブリタ」の話を紹介しましたが、「そもそも浄水器に見えなかった」ということが、トライアルの最大の阻害要因でした。

　それは未購入者の「これって、冷水ポット？」という言葉からわかったのです。

⚠ リピート阻害要因はまず、商品に問題がないかを疑う

　「なぜリピートされないか」というリピート阻害要因の解明も重要です。

　これはトライアル購入した人で**「リピートした人」**と**「リピートしなかった人」の違いを探る**ことで見えてきます。

　主にどういう違いを見るかというと、満足点と不満点です。

　傾向としては、**購入継続者の満足点（もしくはリピート理由）からは「リピートを促進する要因」**が見えやすいものです。

　反対に、**中止者の不満点（もしくは中止理由）からは「リピートを阻害する要因」**が見えやすいものです。

　リピートを阻害する要因としては、まず**商品そのものに問題があることを疑う**べきでしょう。

　なぜなら、買って、使ってみて、満足しなかったからリピートしないというパターンが一番多いからです。

　これは、**「買う前の期待に、品質が見合っていなかった」**とも言い換えら

れます。

　一方で、「**購入前に過度に期待させた**」という見方もできます。

　広告やパッケージなどの謳い文句がすばらしいにもかかわらず、それを商品で実現していない場合、消費者は「がっかり」してリピートしません。

　いずれにせよ、インタビュー調査では、どの点に満足できなかったのか、という要因を抽出します。

　その結果、訴求内容の見直しが必要になるかもしれません。または、トライアルの訴求力があるのであれば、コンセプトに見合った品質の実現に努力する方向も考えられます。

⚠ ターゲットの見直しを迫られる場合もある

　本来のターゲットとは違う人を対象としてしまったため、トライアルやリピートに至らなかったケースもあります。

　私の失敗経験が参考になるのでお話しましょう。

　あるボディケアブランドのブランド・マネジャーをしていたときのことです。新商品として手軽にボディの保湿ができる女性用ボディケア商品を開発しました。

　ターゲットは、ボディの保湿ケアをしはじめる30代に設定し、発売前の調査も30代女性に対して行いました。

　しかし、後からわかったことですが、その商品の場合、保湿効果をより実感しやすいのは、ボディの乾燥が気になる度合が高まる50代以降だったのです。

　その新商品は、「しっとり潤う」というよりは「ボディの表面に膜をつくるように保湿をすること」が特長だったのですが、30代ではわりあいボディが潤っていて、さほど乾燥が気になっていないので、その商品の効果が直接的

には実感しにくかったようです。

　一方、肌の水分量が急激に少なくなっている50代以降は、「膜をはっている」という状態が実感でき、「肌が水をはじくようになった！」と驚きの感想が寄せられるなど、満足度も30代の女性よりはるかに高いことがわかりました。

　ですが、それがわかったときは、すでに、30代を想定したパッケージデザインが出来上がりプロモーションも行った後でした。

　あわてて、その時点からでも対応可能だった店頭に取り付けるPOPなどを変更したのですが、時すでに遅しでした。

　むしろ、パッケージとPOPがちぐはぐな印象になってしまい、「何だかワケのわからない商品」になってしまったような気がします。

　想定ターゲットを間違ってしまったこの仕事は、とても反省点が多いものでした。

環境の変化がリピートの阻害要因になることも

　商品の発売当初にはなかった環境の変化（たとえば競合の出現など）がリピートの阻害要因になることもあります。

　場合によっては、商品や訴求自体には何の問題もないにもかかわらず、売上げが下がってきてしまいます。

　その場合も、消費者から市場の中で相対的に見て自社のブランドがどのように受けとめられているか、を確認することが必要になります（市場の中での相対的位置を探る手法として、134ページで紹介するマッピング法が有効です）。

　時がたてば、世の中も変わりますし、消費者も変わります。商品や戦略も、一度決めたらそのまま、ということは絶対にないのです。

　お客さまに長く愛されるロングセラーとなるためには、**常に環境の変化を踏まえて「いまの自社ブランドの姿」をとらえる**ことが不可欠といえるでしょう。

インタビューから商品が売れない原因を探る流れ

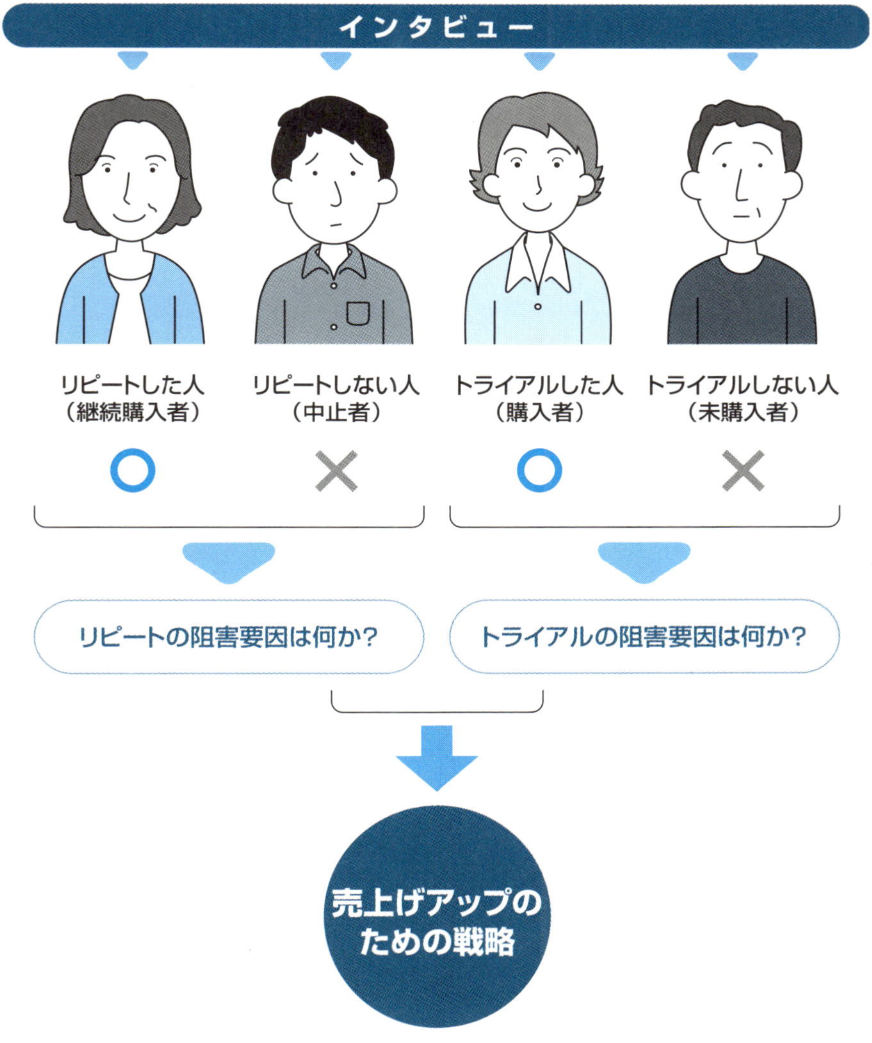

インタビュー

リピートした人（継続購入者）	リピートしない人（中止者）	トライアルした人（購入者）	トライアルしない人（未購入者）
〇	×	〇	×

リピートの阻害要因は何か？　　トライアルの阻害要因は何か？

売上げアップのための戦略

Part 5　インタビュー調査の活用(3)──不振脱出への突破口を探る

③ インタビューから「リニューアルを成功させるヒントを得る」

⚠ 商品のリニューアルで避けたい既存顧客離れ

　一度発売した商品の仕様を変える、品質を向上させるなど、商品をリニューアルするケースにおいても、インタビュー調査をして得られる情報は大いに役立ちます。

　リニューアルが新商品の開発と異なるのは、すでにその商品を買っているお客さまがいる、という点です。既存のお客さまの状況を把握することが、リニューアルの第一歩ともいえるでしょう。

　リニューアルを行ううえで一番避けなければならないことは、「既存顧客離れ」です。

　商品に目新しさを与えようと思うあまり、既存の顧客が「ならではのよさ」を感じていた点を失ってしまうことが往々にしてあります。そのブランドならではの、他のブランドでは得られないベネフィットです。

　たとえば食品などでは、味を改良するためにブラインドテスト（ブランド名を隠して試させる調査）で味の評価が行われます。

　そこで「おいしい」と答えた人が多かった味に変えたりすると、既存顧客が「そのブランド"らしい味"」ではなくなったことに失望して離れていくことがあります。

　かつて、アメリカのコカコーラがペプシコーラに味で対抗するために、ブラインドテストで評価を得た味に変えてしまったところ、売上げが激減してしまった、という有名な話があります。

　まさに、そのブランドならではのよさを失ってしまったことによる既存顧客離れが起きた結果といえるでしょう。

もちろん環境や消費者も変化しますし、リニューアル自体が悪いことではけっしてありません。当然必要なことです。

　また、適度にニュース性を持たせて消費者の関心を引いたり、流通対策として必要な場合もあるでしょう。しかし、気をつけなければいけないのは**「ならではのよさ」を失わない**ことです。

　既存の顧客がどのような「ならではのよさ」を感じているかを探る方法として、もっとも適しているのがインタビュー調査なのです。

⚠️「変えてもいい部分」と「変えてはいけない部分」を見極める

　リニューアルで大事なことは、「変えてもいい部分」と「変えてはいけない部分」を見極めることです。

　「変えてもいい部分」とは、環境変化や品質向上などにより変えることで、そのブランドにとって魅力が増すと考えられる部分です。

　「変えてはいけない部分」は、そのブランドの魅力の源泉となる「ならではのよさ」に関わる部分です。

　これは、品質だけでなく、色、ロゴ、容器デザインなどから醸し出される雰囲気なども含まれます。

　感覚的な面が大きく、お客さま自身も気づいていない場合も多いため、インタビュー調査で対話しながら探る方法が向いていると思います。

　「変えてはいけない部分」である「ならではのよさ」を失うと、それまで築き上げたブランドの価値が一気に崩れてしまいます。

　気に入って買ってくれていたお客さまは、がっかりして買ってくれなくなってしまいます。大事な既存客が離れてしまうのです。

　注意すべきは、あくまでお客さまが感じている「ならではのよさ」を見極めることです。なかなかむずかしいことではありますが、発言などから慎重に抽出します。

　インタビュー調査をとおして確認した**「ならではのよさ」を変えずに、問**

題があるところを変えて満足度を高め、新しさを付加することで新たな顧客を獲得する、それがリニューアルの成功パターンなのです。

⚠️ 意図的にターゲットを変更するリニューアルのケース

なお、以上の説明は、あくまで「既存の顧客を維持すること」が前提です。**しかし、意図的に顧客の若返りを図ったり、より見込みの高いターゲットに替えるリニューアル**もあるでしょう。

たとえば、医薬品の「ハイチオールC」はもともと二日酔いのための薬として売り出していましたが、競合の出現など環境が変わったため、コンセプトを見直しました。

もともと、効果効能の一部としてあった特徴の「しみ・そばかすの改善」にフォーカスを当て、「しみ・そばかす用の飲み薬」としてリニューアルしました。

"男性から女性へ"と、大きなターゲットの変更ですが、これにより下降傾向だった売上げが上昇しました。そして「しみ・そばかす用の飲み薬」というカテゴリーを創造し、その市場の代表的ブランドとなりました。

インタビューからリニューアルを成功させるヒントを得る流れ

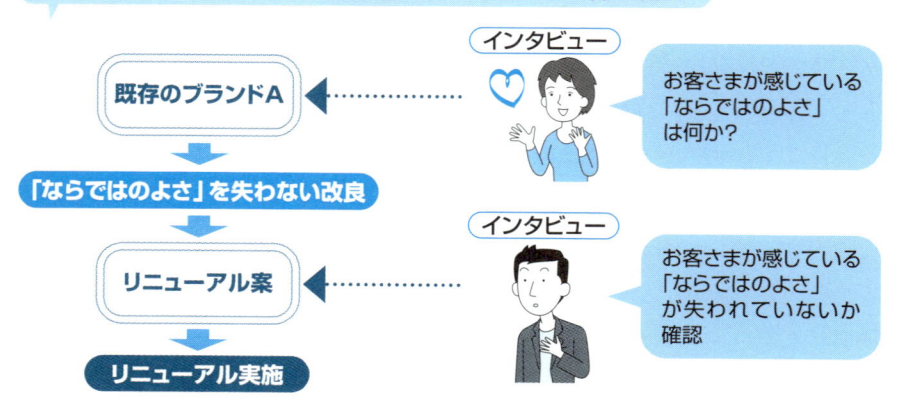

既存のブランドA ← インタビュー：お客さまが感じている「ならではのよさ」は何か？

↓

「ならではのよさ」を失わない改良

↓

リニューアル案 ← インタビュー：お客さまが感じている「ならではのよさ」が失われていないか確認

↓

リニューアル実施

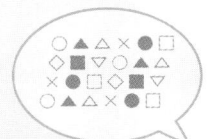

Part 6

お客さまへの
インタビュー調査を
企画しよう

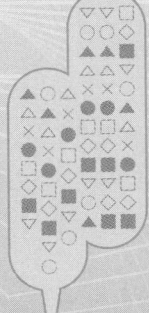

1 実り多きインタビューにするためのステップ

⚠ 大きな流れは、①企画→②実施→③分析

　ここからは、インタビュー調査の具体的な方法をご紹介していきます。

　なお、Part1で述べたようにグループインタビューは難易度が高いので、1対1の個別インタビューを前提に説明します。

　インタビューを実施するときには、①企画→②実施（司会）→③分析の3つのステップが基本になります。私がインタビュー調査の手法を学びはじめたとき、上司はこの流れを"料理"にたとえて次のように表現したのをよく覚えています。

　　　「企画は献立づくり、司会は食材集め、分析は調理」

　おいしい料理をつくろうと思ったら、献立も食材も調理もどれも大事ですよね。

　ときには適当に献立を考えたり、あり合わせの材料で料理をつくっても、おいしく仕上がることがありますが、いつもこうしたやり方ではアタリハズレが大きいでしょう。

　腕によりをかけて大事なお客さまにごちそうをつくろうと思ったら、献立も食材も調理もしっかりと考えなければなりません。

　インタビュー調査を実施する場合も同じです。消費者の生の声を聞くせっかくの機会ですから、しっかりステップを踏むことが大切です。

⚠ 調査を戦略立案につなげなければ意味がない

　本書では、「企画・実施・分析」に「戦略立案」を加えた4つのステップそれ

ぞれについて、詳しく解説していきます。

マーケティングにおける調査は、ただやりっぱなしではなく、何かを決めて行動する、つまり**戦略立案につなげることが前提**です。

「戦略立案」は、消費者へのインタビュー調査でわかったことを基に、ビジネスをどのような方向性に進めればよいか、どのような施策を行うか、を考えるステップといえます。

以上の説明から、「消費者インタビュー調査のプロセスは、業務のPDCAサイクルと同じ」と思った方もいらっしゃるのではないでしょうか。

まさにそのとおりです。ムダを省き、有意義な結果を出そうと思ったら、消費者インタビュー調査も基本はPDCAサイクルなのです。

ぜひDO（インタビューの実施）だけではなく、PLANから順を追って始めることをおすすめします。

消費者インタビュー調査のPDCA

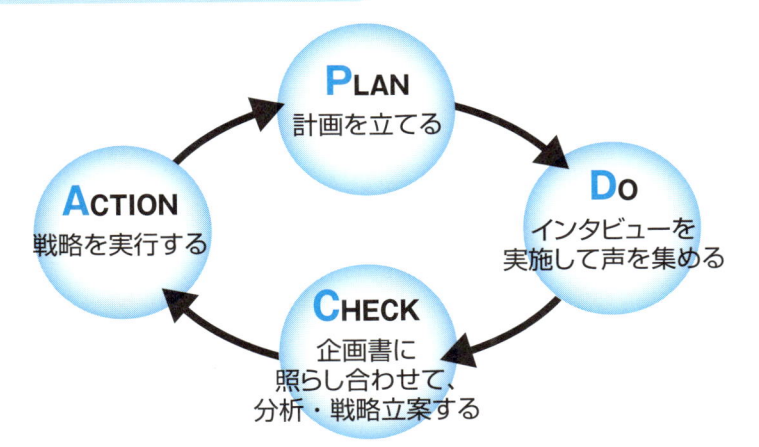

- **P**LAN 計画を立てる
- **D**O インタビューを実施して声を集める
- **C**HECK 企画書に照らし合わせて、分析・戦略立案する
- **A**CTION 戦略を実行する

⚠️ インタビュー企画の3つのステップ

　ちょっとしたインタビューでも、やみくもに話を聞いていては時間と労力がムダになってしまいます。

　そのため、できるかぎり**インタビューを行う背景や目的、調べたい内容、結果の活用方法などを事前に整理し、企画を立てておくこと**が必要です。

　こうしたステップを面倒に感じる人もいるかもしれません。しかし、企画として文字にする過程で担当者の考えも整理され、ムダな要素も省かれ、結果的に実のある調査につながるのです。

　改めて「何のために話を聞くのか？」をつきつめて考えてみると、「時間と労力をかけて、わざわざインタビューをするほどのことではない」と、結果的に判断するケースも多いものです。

　料理でいえば最初の献立づくり、PDCAでいえばPLANの「インタビューを企画する」流れは、大きく次の3つのステップに分かれます。

- **ステップ1：現状のビジネス課題を見極める**
- **ステップ2：誰に、何を聞くかを決める**
- **ステップ3：企画書を作成する**

　以下、それぞれのステップについてご説明します。

② 企画のステップ1：ビジネス課題を見極める

❗ ビジネス課題にもとづいて調査課題を設定

「消費者の声を直接聞いてみたい」——そう思うからには、何かしら「消費者の声」を聞いたうえで解決したいことがあるはずです。

本書のPart3〜5で、さまざまなビジネス課題に消費者へのインタビュー調査が有効なことを説明しましたが、企画にあたっては、まず**「どのような課題を解決するためにインタビューを行おうとしているか？」を再確認する**ことです。

マーケティング調査はその商品やサービスが抱えるビジネス課題を解決するうえで、必要な情報を得るために行われます。

消費者に対する調査では、その課題解決を目的として、消費者の側面から調査課題（インタビューで確認する内容）を設定します。

インタビュー調査でも基本的な流れは同じです。

たとえば、「売上げを伸ばしたい」という大きなビジネス課題があったとしましょう。

それに対する方策として「新規購入者を増やす」、「リピート率を上げる」といったことが考えられ、その可能性を探ることが調査課題になります。

また、それ以前に「売上げが伸びないのはどこに原因があるのか？」を見極めることが調査課題になるケースもあります。

ここで「ビジネス課題は何か？　調査課題は何か？」と、あまりむずかしく考えたり、時間をかける必要はありません。

ただし、「何となく話を聞いてみる」という、あいまいな調査になってしま

うことは避けなければなりません。

　そのためにも、「○○というビジネス課題があって、その解決のためのヒントを得るためにインタビューをしよう」という**目的を、担当者自身がしっかりと認識しておくこと**が大事なのです。

⚠️ 「わかっていること」と「わかっていないこと」を整理

　調査課題の設定にあたっては、「すでにわかっていること」と「わかっていないこと」をよく考え、整理してみる必要があります。

　わからないことを知るためにインタビューを企画し、調査課題を設定するわけですが、改めて整理してみると、意外にも調べようとしていた情報がすでにあるということも珍しくないのです。
　企業には、多くの知見や情報の蓄積があります。自分たちの部署になくても、他部門が持っていることもあります。
　当然、すでにわかっていることについて、時間と労力をかけてインタビューを行う必要はないでしょう。
　ただし、ある情報について"わかっているつもり"になっていることもあるので、そこは注意が必要です。
　本当にわかっているのか、思い込みや錯覚はないか、きちんと確認しましょう。

　「わかっていないこと」を明らかにしたうえで調査課題を設定しますが、そこで**「絶対につかみたい情報は何か」を、さらに絞り込む**のも有効なことです。
　このように**調査課題に優先順位をつける**ことで、時間に余裕がないときでも、本当に知りたいことにインタビューを集中させることができます。

ビジネス課題と調査課題の見極めが大事！

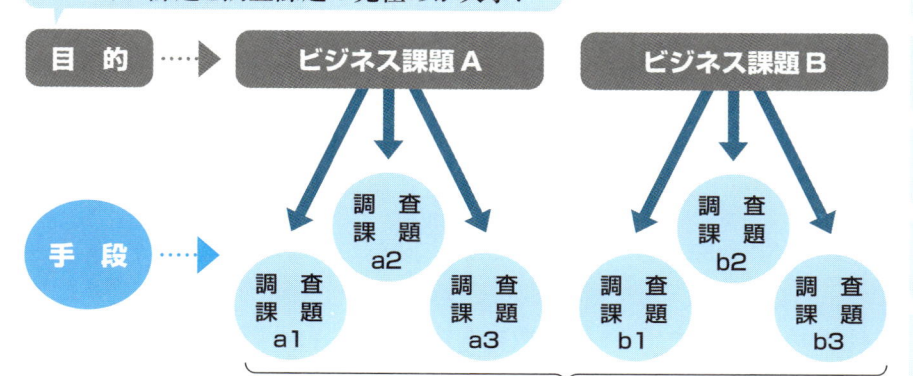

目　的 ……▶ ビジネス課題A　　ビジネス課題B

手　段 ……▶ 調査課題a1　調査課題a2　調査課題a3　調査課題b1　調査課題b2　調査課題b3

- 調査は、ビジネス課題と連動していなければならない。
- 調査のための調査になってはいけない。

3 企画のステップ2：誰に、何を聞くかを決める

ターゲットに近い人に話を聞くのが基本

　インタビューの内容を分析し、戦略立案に結びつける場合、「**どういう人が、どういう理由で言ったのか**」ということがとても重要なファクターになります。同じ内容の発言でも、「誰が」そう言ったかで意味合いは違ってきます。
　そのため、インタビューの企画立案は、「誰に、何を聞くか」を決めることがポイントになります。

　まず、「誰に聞くか」ですが、対象は「**その商品やサービスのターゲットに近い人**」です。女子高生がターゲットだったら女子高生に、主婦だったら主婦に、というのが基本的な考え方です。

　「**ターゲットではない人の意見は、参考程度にとどめておく**」ということも、覚えておいたほうがよいことのひとつです。
　たとえば、口紅に関するインタビュー調査で「この口紅の色はキライ」という声があったとしましょう。
　それが、口紅をよく使う人の感想であれば見逃せませんが、普段は口紅を使わない人の発言であれば、気にする必要はありません。
　もしくは、「普段は口紅を使わない人」つまり、ターゲットから外れる人であることをふまえて参考情報とする程度にしておきます。
　逆に、こうした人の発言を戦略に反映させてしまうと、方向性がズレてしまう恐れがあります。

ユーザーに聞くか、非ユーザーに聞くか

　現在その商品やサービスを使っているユーザーに話を聞くのか、それと

も使っていない非ユーザーに話を聞くのかも、重要なポイントです。

　たとえば、「ユーザーの不満解決」がビジネス課題で、「ユーザーの満足・不満足を明らかにすること」が調査課題だとすれば、当然、インタビューの対象者は現在のユーザーとなります。

　ユーザーなら、すでにその商品やサービスは知っているわけで、**なぜ買ったのか、利用しているのかといった理由**が聞けます。

　一方、非ユーザーの場合、**買わない、利用しない理由**が聞けます。加えて、両者が持つブランドイメージのギャップを確認できれば、今後の戦略立案に大いに参考になるでしょう。

　さらに、「**過去にその商品やサービス使っていたけれども、いまは使っていない人（中止者）**」を含めると、不満をより深掘りできると思われます。

　これからユーザーとなる人を増やしたいという目的も併せ持ったインタビュー企画であれば、非ユーザーのなかでも「**知っているけど、買ったこと（利用したこと）がない人（認知未購入者）**」を加えてもよいかもしれません。

各ユーザータイプから得られやすい情報

商品に対する**満足・不満足**が出やすい。

不満、**とくに購入中止に至るほどの理由**がわかりやすい。

知っているけど買わない理由、つまりトライアルを阻害する要因がわかり、**新規ユーザーを増やすヒント**が見つかりやすい。

| 現ユーザー（継続購入者） | 中止者 | 認知未購入者 |

⚠️ ユーザーの声を聞きすぎることの危険性

既存のユーザーの声を聞くことで、さまざまな有益な情報を得ることができますが、後の戦略立案に生かそうとするときには、ひとつ注意が必要です。

既存ユーザーはその商品やサービスについてある程度満足している人びとなので、インタビューで話を聞くと、**高度な要望が出される**ことがよくあります。

ゲームやIT機器などが典型的な例ですが、マニアックな人の声を聞きすぎると、商品がどんどん複雑化・高度化していきます。その結果、新しい消費者を取り込めなくなり、市場規模が縮小してしまうことになります。

このように、**戦略立案にあたって、既存ユーザーの声をどこまで生かすかはとてもむずかしい判断**です。

ゲーム市場では、ソニーコンピューターエンターテイメントが「プレイステーション」を販売して、ゲームマニアの期待に応えてむずかしいゲームを中心とした商品づくりをしていました。

一方、「誰でも簡単に操作でき、みんなで楽しめる」というそれまでになかったコンセプトで商品開発を行い、ゲームをさほどしていない新たな消費者を取り込んで、後発参入者として成功したのが、任天堂の「Wii」です（このケースについては、後で詳しく触れます）。

⚠️「何を聞くか」を考える

インタビューをする目的と明らかにしたい課題がはっきりし、「どういう人に話を聞くか」が決まったら、次は「何を聞くか」を考えます。

質問の内容は、インタビューの目的と課題に沿って考えれば、ブレなくて一貫性が保てます。

たとえば、「ユーザーの不満解決策の仮説抽出」がインタビューの目的で、

そのために「ユーザーの満足・不満足とその理由」を明らかにすることが課題の場合、具体的に何を確認すればよいのでしょうか？

　決まった答えはないのですが、ためしに、あなたの置かれた立場で自由に考えてみてください。何を聞けば課題への答えが見つかりそうでしょうか？

　もちろんケースバイケースですが、参考までに一般的に考えられる内容を下の表に挙げておきます。おおよそ、こうしたことが確認できれば分析に役立つかと思われます（商品の現ユーザー・中止者が対象）。

　「何を聞くか」をその度考えるのは、大変そうに感じるかもしれません。しかし、マーケティング調査では、確認すべきポイントはだいたい決まっているので、下表のパターンを基本として知っておくと便利です。

　もちろん、適宜アレンジしていただいて大丈夫です。

インタビューで聞くべき内容

一般的な内容	
●商品のよい点、気に入っている点 ●逆にあまりよくないと感じる点 ●最初に買ったきっかけ ●買うときに何を期待したか	●実際使ってみてどうだったか（期待よりもよかったか、よくなかったか） ●継続して使っている理由（もしくは中止した理由） ●今後、使い続けたいか、やめそうか

新商品コンセプト評価の場合	品質評価の場合	パッケージデザイン評価の場合
●第一印象 ●コンセプトの魅力点 ●コンセプトの問題点 ●わからない点、信じられない点 ●○○円で買いたいか	●使ってみての全体的な印象 ●製品の魅力点 ●製品の問題点 ●コンセプトとのギャップがあるか ●○○円で買いたいか	●パッと見の印象（第一印象） ●どのような商品と感じるか ●店頭にあったら目に留まりそうか ●コンセプトとのギャップがあるか

Part 6　お客さまへのインタビュー調査を企画しよう

4 企画のステップ3：企画書を作成する

❗ ビジネス課題を踏まえて、知りたいことを整理

　ここまでインタビュー調査の企画段階として、ビジネス課題を整理し、誰に何を聞くかを考えました。次に、その内容を企画書にまとめましょう。最低限必要な項目は以下のとおりです。

①解決したいビジネス課題（調査の目的）
②調査課題（インタビューで確認したい内容）
③インタビュー後のアクション
④対象者
⑤インタビューフロー

　要は、「何を解決したいか？」、「わからないことは何か？」、「わかったあと、どうアクションするか？」が押さえられていればOKです。
　企画書を作成するうえでのポイントとしては、**インタビュー結果をどう利用するか（インタビュー後のアクション）をあらかじめ考えておくことです。**
　たとえば、インタビュー結果によって「商品コンセプトを改良して試作品作りに生かす」、「デザイン案を1つに絞る」といったことです。
　加えて背景や仮説なども含めておくと、インタビューの全体概要がよりわかりやすくなると思います。

　⑤の「インタビューフロー」については後で詳しく説明しますが、インタビューの台本です。リサーチのプロの場合は、必ず用意します。
　本書を読まれる実務担当者の方がインタビューをするときに、絶対なくてはならないというものというわけではありませんが、台本があったほうが聞き方に迷わないでしょう。

企画書フォーマットの例

調 査 企 画 書

タイトル		作成日	作成者

背景	
目的	
調査課題	
実施後のアクション	
仮説	
対象者／人数	
実施時期	
費用他	

Part 6　お客さまへのインタビュー調査を企画しよう

企画書はA4判1枚のフォーマットにしておくと、項目設定などでいちいち悩まずに楽です。参考までに、私がメーカーのマーケター時代に使っていた企画書フォーマットを前ページに紹介しておきます。

　「わざわざ企画書など書かなくても、頭の中に入っているよ」という人もいますが、私の経験では**「頭の中で考えていることと、書き出したものとは別モノ」**と強く感じます。
　企画書の項目を埋めるのは、手書きでも、パソコンで打ってもよいのですが、実際に手を動かして書き出すことで自分自身の思考が整理されていき、よくわかっていない部分、足りない部分などが見えてきます。また、書き出すことで新たな発想も生まれます。
　こうした企画書の作成に限らず、ぜひ「頭の中で考えていることを書き出す」クセをつけることをおすすめします。

❗ インタビューの台本があると、何かと便利

　先述の「調査課題」を決めた段階で、インタビューで確認したい内容がだいたい固まっています。
　これを基にインタビューを行うわけですが、実際の場面では、企画書が手元にあるだけではやりにくさを感じることも多いと思います。
　具体的にどういうことか、説明しましょう。

●課題の重要度と聞きやすさは別もの
　一般的に企画書には、いくつかの調査課題が重要度順に挙げられているものと思います。
　しかし、生身の人間相手のインタビューでは、重要なことだからといって、先に話を聞いたほうがいいとはかぎりません。聞きやすい順番も考慮します。
　インタビューでは、普段意識していないようなことを深く突っ込んで聞く

ことがあります。その場合、最初はあたりさわりのない質問をしながら、徐々に核心に迫っていくというアプローチをしたほうが、相手は話しやすいものです。

● 一般の人には伝わりにくい表現をしている場合がある

企画書は社内用、もしくは自分用であるため、つい専門用語や業界用語などを使った表現を入れて作成してしまうことが多いものです。本人も無意識に使って、それが業界用語であることすら忘れている場合もあります。

もしインタビューでそのまま表現すれば、相手にとってとてもわかりにくい質問になってしまいます。

できれば、まったく業界知識がない人にあらかじめ企画書を見てもらい、わかりやすい言葉づかいを考えておくとよいと思います。

● つい紋切り型の聞き方になりやすい

インタビューの現場でちょっと緊張すると、ついクローズドクエスチョン（次ページのコラム参照）で紋切り型の聞き方になりやすく、そうなると、相手も発言がしぼみがちになってしまう傾向があるので注意が必要です。

以上のことを考えると、インタビューの台本＝インタビューフローをつくっておいたほうが何かと便利です。

インタビューフローには質問と確認事項を書いておいて、それを見ながらインタビューを進めます。また、**確認すべき内容のチェックリストとしても活用**できます。

プロは詳細なインタビューフローを作りますが、実務担当者の方はあまり時間をかける必要はないと思います。

「どういう順番で、どういう風に聞いたら、相手は話しやすいだろうか？」を考えながら、調査課題の内容を書き直すイメージで作成します。

コラム

オープンクエスチョンを心がける

　インタビューで相手の言葉をより引き出すためには、基本的にはクローズドクエスチョンではなく、オープンクエスチョンの質問をするように心がけます。

　クローズドクエスチョンとは「YES」・「NO」の答えが返ってくる質問。オープンクエスチョンは多様な答えが返ってくる質問です。

　たとえば、「赤い色が好きですか？」と聞くのがクローズドクエスチョンで、「はい」か「いいえ」の答えが返ってきます。

　一方、「好きな色は何ですか？」というのがオープンクエスチョンで、返ってくる答えはさまざまです。

　インタビューではより多様な意見を引き出したいので、その意味ではオープンクエスチョンを活用する必要があります。

クローズドクエスチョンの例	オープンクエスチョンの例
●第一印象はよかったですか？ ●週末は出かけることが多いですか？ ●コンビニはよく利用しますか？ ●小学生のお子さんはいらっしゃいますか？ ●朝食は毎日食べますか？	●第一印象はどんな感じでしたか？ ●週末はどのように過ごしますか？ ●どこで買い物をすることが多いですか？ ●お子さんはおいくつですか？ ●朝食はどんなものを食べますか？

⚠ インタビューフローに基本的な流れを明記

インタビューフローを作るには、まず話を聞きやすいインタビューの流れを考えます。だいたい以下のような順序です。

インタビューの流れ

冒頭
- インタビュアーの自己紹介
- インタビューの趣旨説明
（「商品開発に役立てたい」、「個人情報は漏れないので安心してほしい」といったこと）
- 話し方についてのお願い
（「普段と同じようにリラックスして、ホンネを言ってほしい」といったこと）

ウォームアップ
- 相手に自己紹介をしてもらう（簡単に）
- 商品分野や日常の購買行動などに関する簡単な質問

本題
- 調査課題についてのインタビュー

終了
- 謝礼の支払いなど

①冒頭の説明

最初にまず、インタビューの趣旨や個人情報の取扱いなど、事務的な説明をします。

次に簡単な自己紹介をしてもらうとよいでしょう。相手は緊張している場合が多く、慣れない場でどのような話をすればよいのか、うまく話さなければいけないのではないか、と不安を抱えています。

自分のことは話しやすいので、少しずつリラックスしてくるものです。

②ウォームアップ

自己紹介も一種のウォームアップですが、インタビューの最初もウォームアップとなる話題を取り上げるとよいでしょう。

たとえば、調べたい内容に関してざっくばらんに話を聞いたりします。調理用具についてのインタビューなら、「普段、どんな料理を作っていますか？」といった感じです。

③本題

つづいて、本題の調査課題について質問をします。

⚠ どういう順序で話を聞いていくか

話を聞く順序はとても大切ですので、以下で留意すべきポイントを挙げておきます。

●重要度の高いことから先に聞いていく

普段それほど深く考えずに買い物をしている消費者にとって、特定の商品について1～2時間も考えるというのは、ある意味異常な状況です。

インタビューの時間が長ければ長いほど情報量が増え、消費者の考えは現実的状況から離れてしまいがちです。

重要度の高い質問は、普段の心理状態に近いインタビューのはじめのほ

うに行うのがよいでしょう。

●先入観を取り払った意見を聞きたいときは先に質問する

たとえば、新しいパッケージデザインへの評価や、広告案への評価など、じっくり考えるよりは瞬間的にどう受けとめられるかを知りたいときは、その質問を先に持っていきます。

インタビューが進んでその商品群やブランドに対する意識が高まって、先入観が強くなると、パッと見の印象というよりは頭で考えた評価になりがちで、実態とはかけ離れてしまうからです。

もし、後から確認せざるを得ない場合は「すでにこういう情報が頭の中に入った状態での評価だ」ということを踏まえて分析する必要があります。

●話しやすい現在のことから聞いていく

必ずというわけではありませんが、相手がしゃべりやすい順番という意味では、「現在のことから聞いていく」というのもコツのひとつです。

「過去どうだったか？」、「これから先どうしたいのか？」ということよりも、「いまどうしているか？」という事実のほうが話しやすいものです。

たとえば、使用実態や既存商品へのイメージが「現在のこと」に当たるでしょう。

以上のことは、必ず守らなければならない、ということではなく、あくまでも話を聞く順番を考えるうえでのヒントです。

実際のインタビュー場面では、相手の話の進み方や内容によって、質問の順番が前後することもよくあります。そのときそのときで臨機応変に対応できるようにしておくことも大切です。

⚠️ 確認ポイント、時間配分もインタビューフローに入れる

　インタビューフローでは、質問内容だけではなく、その**インタビューで明らかにしておかなければならない事項も、チェックリスト的に入れておく**と聞きもらしがなくなります。

　よくありがちなのが、「話は盛り上がったけど、肝心なことを聞き逃してしまった」というケースです。

　そうしたことを防ぐために、確認すべきポイント、たとえばデザイン評価の場合だったら「デザイン案でどれがよいと思ったか、その理由」、「目を引きそうなものはどれか、その理由」という具合に、確認しておかなければならないポイントを入れておいて、その都度「確認できたかな？」とチェックしていきます。

　時間配分の目安も書いておくとよいでしょう。インタビューが始まると、意外に話が弾んで時間オーバーということもあるので、予定どおりに聞き取りが進んでいるかも確認できます。

> インタビューフローの例

導　入

| 5分 | ●あいさつ、司会の自己紹介
●趣旨と、個人情報の取り扱いについて説明、飲み物を勧める。 |

本　題

15分	1.「○○飲料カテゴリー」の買い方・飲み方状況 （ウォームアップ兼ねて） 　　　ふだんどんなお店で買いますか？ 　　　時間帯は？　シチュエーションは？ 　　　どんな選び方をしていますか？ 　　　よく買う商品は？ 　　　最近買った商品は？ 　　　いつ飲むことが多いですか？
20分	2.「△△ブランド」の見られ方 　　　買ったきっかけは何ですか？ 　　　そのときのイメージは？ 　　　買う前にどんなことを期待しましたか？ 　　　買ってみてよかった点は何ですか？ 　　　よくなかった点、期待はずれだった点は？ 　　　それまで買っていた他のブランド商品と比べてどうですか？ 　　　また買いたいと思いますか？ 　　　　→そのワケを教えてください。
20分	3.新商品コンセプトの評価 　▼コンセプトを示したボードを提示する 　　　パッと見の印象、第一印象はいかがですか？ 　　　よいところ／よくないところを教えてください 　　　どういう人向けと感じますか？ 　　　どんなとき向けと感じますか？ 　　　○○円なら買ってみたいと思いますか？ 　　　　→そのワケを教えてください

終了→謝礼を渡す。

Part 7
インタビュー実施に向けた準備の段取り

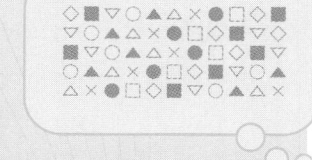

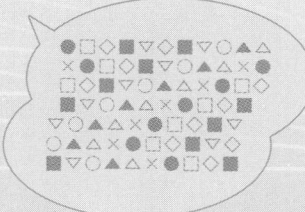

① インタビューの対象者、場所、日程を決める

献立が出来上がったら、材料の買出しへ

ここまでで、消費者へのインタビュー調査の企画が出来上がりました。

「○○の人からの情報を集めて、○○を明らかにして、○○のアクションに役立てる」という設計図が出来た感じですね。

料理でいえば、献立が出来上がった段階です。次は材料の買出し、実際に消費者から情報を集めるための準備段階に入ります。

企画が決まってから実施に向けて準備すべきキーポイントは、人・場所・時間を決めることです。

- **人→インタビューする相手**
- **場所→インタビュー会場**
- **時間→インタビューの実施日時**

会議のセッティングと似ているかもしれませんね。実際には、企画を練りながらこうした準備を並行して進めることも多いものです。

インタビューに応じてくれる人をリクルーティングする

「リクルーティング」とは、人を募集することです。ここではインタビューに応じてくれる人を選んで、集めることを意味しています。

どんな人を集めたいかという「属性」は、企画段階で考え、企画書にも書いておきます。

ここでは「どういうところから、インタビューする相手を探すか？」ということを説明したいと思います。

お金をかければ、リサーチ会社やリクルーティング会社など外部業者にお願いして人を集めてもらうこともできます。

自前でリクルーティングをする方法としては、次のような方法があります。

- 友人に声をかける
- 社員の家族・知人を紹介してもらう
- 自社の顧客リストを活用する
- 街頭で声かける
- HP、SNS（mixiなど）、ブログ、twitterなど、ネット上で呼びかける
- インタビュー対象者が集まっていそうな場所（学校、施設など）で聞く

以上は、すべて私自身がやってみた方法です。工夫すれば他にもいろいろと方法はあるかもしれません。

インタビューの場所を決める

人のリクルーティングと前後して、インタビューの場所も決めなければなりません。

実務担当者が自分で行う場合には、自社の会議室がコストもかからないのでよいでしょう。

また、費用はかかりますが、外部の貸し会議室や調査専用会場を使うのも一般的です。

それぞれのメリット・デメリットは、次ページの表のとおりです。

自社内の会場と外部会場のメリット・デメリット

会　場	メリット	デメリット
自社の会議室	●費用がかからない ●移動しなくてよい ●インタビューに応じてもらった人に、自社への親しみを覚えてもらえる	●自社主催であることがわかるため、インタビューに応じてもらった人にバイアスがかかる（発言に遠慮が出る、逆に批判が多くなる等） ●自社が不便な場所にある場合は、インタビューに応じてもらえる人が集まりにくくなる ●隣の会議室の声や、他の社員の言動などに気を使うこともある
外部の貸し会議室・調査専用会場	●インタビューに応じてもらえる人にとって利便性が高い場所を指定できる ●自社が主催であると意識させずにできる ●受付やお茶だしなどを代行してもらえる場合もある	●費用がかかる ●自社から移動する必要がある ●什器などを搬入する手間がかかる

このほか、インタビューをするのに以下のような場所も考えられます。

●**喫茶店**

予約の必要がなく、インタビューに応じる人も気軽に来られるというメリットがあります。ただ、周りに人がいるので気を使ったり、あまり長時間は滞在できないというデメリットがあります。

●**相手の自宅へ訪問**

普段の生活の様子などを聞きたいときに適しています。たとえば、どのような手順で料理をつくっているかを知りたい場合も、普段使っている器具や動線の確認ができ、リアリティのある情報がとれます。

インタビューに応じる人にとっては、わざわざどこかへ出向かなくてよいというメリットもあります。

ただし、他人を家に入れることに抵抗を覚える人も多く、心理的なハードルが高くなってしまうことも考えられます。

●店などの現場

店頭などで商品を買った人に直接話を聞ければ、お店の展示状況なども確認しながら、よりリアルに購入理由がわかり、貴重な情報が得られます。

ただし、店側の了解をとらなければならないので、店側にとってのメリットも提示できるようにしておくとよいでしょう。

●学校、施設など、対象者が集まっている場所

たとえば、女子学生をターゲットにした商品なら女子校へ行って話を聞く、介護用品だったら介護施設に行って話を聞くといった方法もあります。いずれも、相手側の了解が必要です。

ちなみに私は、ユニ・チャーム勤務時代に、生理用ナプキンのCM内容を決めるために、出身校の女子大に行って学生にアンケート兼インタビューをしたことがあります。

調査会社にかけるための時間の余裕がなく、社内の女性ではバイアスがかかっていて情報に正確性が欠けるという判断からでした。

学校に打診したところ、「就職活動を控えた3年生向けに、就職アドバイスをする時間をもうけてくれるなら」という交換条件つきで了解してもらえました。

⚠ インタビューの実施日時を決める

日程の調整は、リクルーティングと並行してやる場合もあれば、先に日時を決めて「この日時で来られる人」というかたちでリクルーティングを行うこともあります。

いずれにせよ実施する側と対象者の都合が合う日時というのが大前提ですが、それ以外に下記のように「こういう属性の人は、この時間帯がベター」という基本的なパターンがありますので参考にしてください（もちろん、例外はあります）。

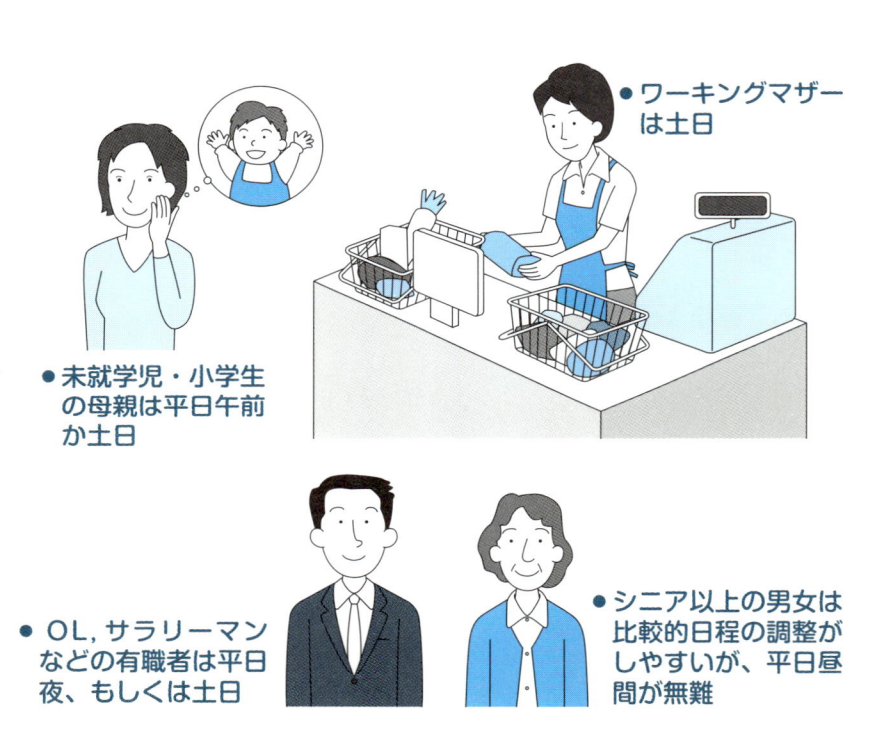

- ワーキングマザーは土日
- 未就学児・小学生の母親は平日午前か土日
- OL、サラリーマンなどの有職者は平日夜、もしくは土日
- シニア以上の男女は比較的日程の調整がしやすいが、平日昼間が無難
- 乳児がいる母親に子連れで来てもらう場合は、平日昼間や土日に別室にシッターを用意して実施（子どもに慣れている社員が子守りか、シッター会社にシッターを派遣してもらいます）。もしくは、母親のみの場合はシッター代として別途謝礼を用意

② 前日までにやっておくべき準備事項

⚠ インタビューの相手へ案内を送る

　インタビューに応じてもらえる人が決まり、場所・日時も決定したら、メールやファックス・郵送などで、案内を送ります。

　案内には、会場と日時のほかに、担当者の名前や当日の連絡先、謝礼の額（110ページ参照）、注意事項なども明記します。

　次ページに案内フォーマットの例を掲げますので参考にしてください。

　とくに会場の地図は、当日迷わないよう、目印を書くなどしてわかりやすく表示します。

　また、案内と一緒に事前アンケートを送って、基本情報を先に書いて持参してもらうこともあります。

⚠ インタビューの場で見てもらうものを準備する

　インタビューの場は、反応をリアルに見ることができるまたとない機会です。実際に見てもらって反応を見たい、聞きたいものがあったら、事前に用意しておきましょう。たとえば、次のようなものです。

- コンセプト説明文
- クリエイティブの案（パッケージデザイン、ホームページデザイン、広告など）
- ネーミング
- 試作品
- 競合品

案内フォーマットの例

「○○に関するインタビュー」についてのご案内

この度はお忙しい中、インタビューへのご協力をご了承いただきまして、誠にありがとうございます。下記の通りご案内申しあげます。

<日　時>　※受付は5分前より
　　　　　　○年　○月　○日（○）
　　　　　　10：00～11：00
<会　場>　○○株式会社　会議室　（担当：○○）
　　　　　　住　　所：○○○○○○○○○○○○○○○○○
　　　　　　当日連絡先：○○-○○○○-○○○○○
　　　　　　最寄り駅：○○駅　徒歩○分

```
＜地　図＞




```

<謝　礼>　○○○○円　　（交通費を含みます）

<お願い>
① 万一、交通事情などにより遅刻される場合には、定刻前に一度ご連絡下さい。
② 当日はお席の関係上、ご自身お一人でご来場下さい。
③ 領収書捺印用に、ご印鑑をお持ちください。
④ ふだんお感じのままをお聞きしたいので、事前にお調べしたりなさらずお越しください。

　　　　　　　　　　　　　　　　どうぞお気をつけてお越しください

⚠ できれば、インタビューのリハーサルを

　もし余裕があれば、社内の誰かを相手にしてリハーサルをしてみましょう。
　実際にインタビューフローや提示物を使って、予定の時間どおりにできそうか確認します。言葉遣いなどで、わかりにくいところがあったら、随時指摘してもらいましょう。リハーサルをやってみて、思わぬ盲点に気づくこともしばしばです。

　社内の人相手だと、バイアスがかかっている場合もあるので注意が必要です。別の部署の人など、なるべくその商品やサービスに詳しくない人がよいかもしれません。

　リハーサルをやる最大のメリットは、緊張しなくなることです。これはプレゼンテーションなどでも同じでしょう。「緊張しそうだなあ」と思ったら、ぜひリハーサルしておいてください。

⚠️ インタビューの前日にやること

以下、インタビューの前日に忘れずにやるべきことを挙げておきます。

●インタビューの相手へ電話で連絡

事前に約束をしていても、うっかり忘れていたということもなきにしもあらずです。また（あまりあってはならないことですが）時間や場所の連絡ミスがあった場合も、前日に気がつけば対処が可能です。

私の経験では、前日の電話確認によって、当日の遅刻や無断欠席はとても少なくなるという印象があります。直接話をすることで、相手にも少なからず「約束を守らなくてはいけない」という気持ちが高まるのではないでしょうか。

なお、外部の業者にリクルーティングを依頼した場合は、前日の電話連絡も代行してもらえることがほとんどなので手間がかかりません。

●謝礼の用意

謝礼の金額はさまざまですが、個別インタビューであれば1時間あたり4,000円〜6,000円（交通費込み）くらいが相場と考えるとよいと思います。

インタビューの内容によってはもっと安い場合もありますし、忙しいサラリーマンなど集まりにくい人の場合は、もっと高めにすることもあります。

また、現金に限らず、自社商品を渡す、商品券を渡すといった謝礼の仕方もあるので、状況に応じて考えるとよいでしょう。

領収書をもらう必要がある場合は、忘れず用意しておきます。

●秘密保持・個人情報保護書類の用意

インタビューでは、新製品などの秘密の情報を相手に伝えることもしばしばですし、そのような調査をやっていること自体、あまり口外してほしくないものです。

秘密保持のお願いフォーマット例

「○○に関するインタビュー」についてのご案内

拝啓　ますますご健勝のこととお慶び申し上げます。

このたびはお忙しいところ、弊社インタビューへのご協力をご了承いただきまして誠にありがとうございます。先にお電話等でご連絡申し上げましたとおり、別紙の日時・会場で実施いたしますので、ご出席くださいますようよろしくお願いいたします。

私ども株式会社○○は、一般の消費者の方の声を商品開発の参考とするためにインタビューを開催しております。今回ご協力いただいた皆さまのご意見・ご感想は今後に向けての貴重な資料とさせていただきますので、ぜひ忌憚のないご意見をいただければ幸いに存じます。

なお当日は、インタビューの様子をビデオ・ICレコーダー等にて記録させていただきます。ただしこれらが、関係者以外に漏れることは一切ございませんので、ご了承くださいますようお願いいたします。また、このインタビューにおいて知り得た情報の他言・公表はご遠慮願います。

上記主旨をご理解いただき、ご了承いただけます場合は、下欄にご署名の上、座談会当日お持ちくださいますようお願いいいたします。
ご了承いただけない場合は、お手数ですが、至急下記担当者までご連絡くださいますようお願いいたします。

　　　　　　　　　　　　　　　　　　　　　　　　　　　　　　　敬具

　　　株式会社○○
　　　住　所：
　　　Ｔ Ｅ Ｌ：
　　　担　当：

株式会社○○御中

── 参 加 同 意 書 ──

私は、

1）私のプライバシーが守られることを前提として、私のインタビューの記録が、関係者によって、調査資料として活用されることを承諾します。

2）インタビューを通じて知り得る全ての内容について、一切他言・公表しないことを約束した上で、座談会に参加いたします。

　　　　　　　　　　　　　　　　　　　　　　年　　　月　　　日

　　　　　　　　　　　　　　　ご署名　_____
　　　　　　　　　　　　　　　　　　※ご署名いただき、当日ご持参ください

最近はブログなどで一般の消費者でも情報伝達力は高まっています。あまり堅苦しくなると緊張感を高めてしまいますが、念のため書面で秘密保持の約束をしておくと安心でしょう。そのための書面も用意しておきます（前ページのフォーマット例参照）。

　また併せて、個人情報保護に関する約束の内容を含めてもよいと思います。

　こうした書類は、相手の方に心積もりもしてもらうためにも、可能であれば事前に郵送かファックスしておくことをおすすめします。

●お茶、軽食、お菓子などの用意

　当日でもよいのですが、インタビュー中に飲むお茶なども、前日に準備しておくと安心です。

　インタビューされていると、案外のどが渇くものです。ペットボトルを用意しておくと、途中で注ぎ足す必要もありませんし、こぼしたりする心配もあまりありません。残ったらお持ち帰りいただけます。

　夜間など時間帯によっては、サンドイッチなどの軽食の用意も必要でしょう（その際、事前の案内文にも「軽食を用意」している旨を記載しておきます）。

　また、しゃべり続けると疲れるものですし、場を和ませるためにもチョコレートやクッキーなどの甘いものを用意しておくとよいかもしれません。

③ インタビュー当日の段取り

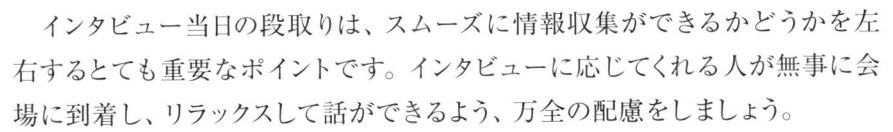

　インタビュー当日の段取りは、スムーズに情報収集ができるかどうかを左右するとても重要なポイントです。インタビューに応じてくれる人が無事に会場に到着し、リラックスして話ができるよう、万全の配慮をしましょう。

　以下、自社の会議室で実務担当者自身がインタビューを行うケースで説明します。

⚠ 安心、リラックスできるような配慮を

● 会場への案内はわかりやすく

　インタビューに応じてくれる人が会社に到着してから迷わないよう、なるべく多くの場所に「インタビュー会場はこちらです」といった案内の紙を貼っておきましょう。建物の入口と会場の入口など、来場者にわかりやすく案内すると間違いがありません。

　また可能であれば、ポイントごとに案内役の人が立つようにするとなおよいでしょう。

張り紙の例

```
「〇〇に関するインタビュー」
　　　　　　にお越しの方へ

会場は、エレベーターを上がって7階の第1会議室です。

　　　　　　　　　△△株式会社
```

● 会場の準備を万全に

　準備した飲み物やお菓子、軽食などもセッティングしておきましょう。リラックスしてもらうために、到着からの待ち時間の間、音楽やラジオなどを流しておくのも一考です。

　殺風景な会場なら、花などを飾ってもよいかもしれません。

● 服装はカジュアルに

インタビューに応じてくれる人は緊張して会場に来るものです。もし、背広にネクタイ姿の人が応対に出ると、「いかにも調査の仕事！」という感じで身構えてしまうかもしれません。

リラックスして話してもらうためにも、聞く側の服装はなるべくカジュアルにしたほうがよいと思います。

もちろん、「短パンにサンダル」といった姿はくだけすぎで、男性であれば「チノパンにノーネクタイ」くらいが適当でしょうか。女性の場合は、会社に着てくる服装の範囲であれば、とくに問題はないでしょう。

これももちろんケースバイケースで、インタビューの内容や相手によっては、きちんとしたスーツ姿のほうがよいと判断できる場合もあるかと思います。

● 席は横並びに

席は向かい合わせよりも、横に並んで座ったほうがリラックスして話しやすいと思います。

提示物などを見て意見を聞く場合も、同じ方向を向いているほうが指し示したりもしやすくなります。

● インタビュアー以外の人は視野に入らないように

話してるときに、インタビュアー以外の人が目に入ると、気が散りますし、調査であることを意識してしまい、発言に遠慮が出る場合もあります。

インタビュアー以外の人（記録者や他の社員）が部屋に入る場合、席はインタビューされる人の後ろなどがよいでしょう。

❗ インタビューを記録に残す

インタビュー内容を後から分析することを考えると、発言を記録し、できれば書き起こすことが理想です。

そのため最低限、録音か録画はしておいたほうがよいと思いますので、

インタビュー会場のレイアウト例

インタビュー実施に向けた準備の段取り

ICレコーダーやビデオなどの準備をしておきます。

　また、後々上層部や他部署への報告やプレゼンテーションのときに、写真や映像などの記録が役立つこともあります。
　インタビューのメリットである実際の消費者情報の生々しさは、報告書の段階になるとどうしても薄れてしまいます。リアリティを感じてもらう材料が必要になるケースがあるのです。
　ただし、録音や録画をする場合は相手の了承が必要です。事前の案内の段階で、録音・録画についても承知しておいてもらうとよいでしょう。

　調査会社などの仕事では、録音・録画と並行して**リライター**と呼ばれるパソコンタイピングのプロがインタビューの場で発言をどんどん打ち込んでいきます。
　ノートに筆記する場合もありますが、いずれにしろ、モレや不明点などがあったら、録音・録画をチェックして確認、補足をします。
　外部会社に依頼してリライターだけを派遣してもらうことも可能です。リクルーティング会社や調査会社などには、だいたいリライター派遣メニューもあると思います。必要な場合は問い合わせをしてみてください。
　記録する内容やボリュームによって料金の幅はありますが、プロの場合はおよそ1時間あたり2万円～4万円が目安かと思います。

　もし、社内でだれかタイピングが早い人がいたらお願いしてもよいかもしれません。もしくは、後から録画や録音を基にあなた自身が書き起こすという方法もあります。
　面倒なようですが、書き起こしのために改めてインタビュー場面を見たり聞いたりすると、新たな発見があったりするので、あながち無意味な作業ではないと思います。

記録方法の種類とメリット・デメリット

		メリット	デメリット
発言の文字記録	ノートに書く	●準備が容易 ●タイプスピードが遅い人でもできる ●イラストや図示がその場で簡単にできる	●書く速度が人によって違う ●データとして保存できないので共有しにくく、紛失の恐れがある
	PCでタイプ	●手書きより早い（タイプスピードが早い人の場合） ●データなので、保存、共有がしやすい	●タイプスピードが遅い人にはむずかしい ●イラストや図示はしにくい
画像・音声記録	録画（ビデオ）	●表情やしぐさなどの表情が残り、その場のリアルさが再現しやすい	●インタビューされる人の緊張度が高めになる ●ビデオデッキやPCなどの再生機器が必要 ●データ量が大きいので、PC保存・転送に制約がある
	録音（ICレコーダー）	●インタビューされる人の緊張度が録画よりは低め ●機器が小さいので録音再生操作が容易 ●データ量が小さめなので、PC保存・転送が容易	●録画と比較すると、映像が残らないぶん情報量が少ない

Part 8

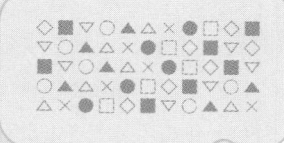

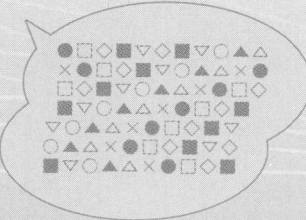

上手に話を聞き出す インタビューの実践ノウハウ

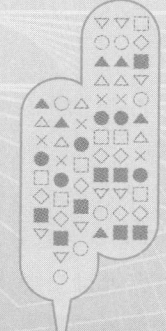

1 インタビューの流れと基本的な心がまえ

❗ 実務担当者自身がインタビューをするメリット

　私は消費者分析のために、グループインタビューのモデレーター（司会）をよくやりますが、仕事を依頼されたクライアントの方から、「司会って、すごくむずかしそうですよね〜」と言われることがあります。

　「ご自分でやってみませんか？」と言うと、「とんでもない！ 無理です〜！！」といった反応が返ってきます。

　「声が大きくて、場を引っ張ってしまう人をコントロールするのが大変そう」、「話が全然関係ない方向にどんどん行ってしまい、収拾がつかなくなりそう」と思われている方も多く、仕事でグループインタビューを見たことがある人ほど、「自分で司会をするなんて、とてもとても……」と尻込みします。

　そのため、「司会はプロにお願いしなくては！」と思うのも当然かもしれません。もちろん、インタビューのテクニックや分析に長けているプロに任せれば安心です。

　ですが、実務担当者が自分でやっても、それほどハードルは高くありません。

　確かにグループインタビューはグループコントロールのために若干訓練が必要ですが、相手が1人の個別インタビューであれば、ポイントを押さえて「何を確かめたいか」が頭の中でクリアになっていれば、あとは**聞き取りのテクニックを覚えて数をこなす**、という慣れの問題だけだと思います。

　実務担当者自身でインタビューをすれば、コストや時間が削減できるうえに、**「消費者の声をダイレクトに受けとめることができる」**という大きなメリットがあります。

自分が関わる商品やサービスへの反応を肌で感じることで、実務担当者ならではの発見もあるでしょう。

　そうは言っても、慣れないうちは相手を目の前にしていろいろ質問をし、返ってきた答えを頭の中で解釈しながら次の展開を考える……といった作業は、大変といえば大変です。私自身も最初の頃はとても緊張し、戸惑ったこともしばしばでした。
　以下、私の経験を踏まえて、マーケターなどの実務担当者がインタビュアーとなってインタビューを行うコツをお伝えしたいと思います。

⚠ インタビュー全体の流れ

　まず、インタビュー全体の流れについて、おさらいしておきましょう。
　往々にして、インタビューの相手は緊張しているものです。最初にインタビュアーの側から話を切りだし、自己紹介や趣旨説明などをします。
　「自分が何のためにインタビューされるのか」が明確になってくると、役割がわかって相手の気持ちが落ち着いてきます。その頃合いを見計らって、簡単に自己紹介をしてもらいます。

　ウォームアップが済んだところで、いよいよ調査したい課題についてインタビューを行います。
　なるべく時間内にインタビューが終わるように、フローと経過時間を見ながら進め、最後に謝礼をお支払いして終了というのが大まかな流れです（詳しくは、Part6の95ページ以降を参照）。

⚠ インタビュアーとしての基本的な心がまえ

　具体的な話の聞き方などのテクニックももちろん大事ですが、その前にインタビュアーとしての基本的な心がまえについてお話します。

1つめは、「**自分が真っ白い吸い取り紙になったような気持ちになる**」ことです。

　つまり、(仮説があるとしても) 先入観を持たず、相手の発言をまっさらな自分に吸収させていく感じです。感覚としてはアタマというよりカラダに吸い込ませる感じでしょうか。

　不思議なもので、自分が吸い取り紙になった気分でインタビューに臨むと、相手の発言がよりはっきりと読み取れるようになります。

　一種のイメージトレーニングですが、ぜひ試してみてください。

　2つめは、「**その人の普段の生活をリアルに想像する**」ことです。

　似たようなタイプの人 (たとえば、既婚者でA製品を使っている30代の女性など) を10人集めても、1人ひとり個性や価値観、ライフスタイルは違います。インタビューの相手はどんな家に住み、どんな暮らしをして、普段どんな風にモノを買っているのでしょうか。

　そうしたことをリアルに想像しながら発言を読み取ることで、これもまた不思議と相手のことが深く理解できるようになります。

　以上の2点は、消費者インタビュー調査の技術を教えてくれたリサーチ会社の上司や先輩たちからもらったアドバイスのなかでも、私がいまでも強く印象に残っていることです。

　ちょっと抽象的かもしれませんが、インタビューにおいて大変有用な心がまえなので、ぜひ頭に入れておいてください。

② 話の聞き出し方の基本的なコツ

❗ いかにして有益な情報を語ってもらうか

　インタビューをやる際、心配になるのが「話が弾まなかったらどうしよう」ということです。

　「シーンと黙ったままだったらどうしよう」、「関係ないことをしゃべりはじめ、収拾がつかなくなったらどうしよう」など、ついつい"インタビューの場がどんな雰囲気になるか"ということに気をとられがちです。

　ですが、インタビューの目的は会話を弾ませることではありません。**「いかに有益な情報を引き出すか」**ということです。そのために、ここまで企画書を作って目的を明確にし、準備もしてきたのです。

　インタビュー調査は、**1人の人間の中でどういうロジックで購買行動やブランドイメージにつながっているかという、因果関係を明らかにすること**が主な役割です。

　そのために、必ず心がけなければいけないのが、「理由情報」を明らかにするということです。

　つまり、「よい／悪い」、「好き／嫌い」といった結果だけではなく、**「なぜ」、「どのように」という理由**が大事なのです。

　その際に**「どのような人が」という背景情報**も重要です。

　「どんな人が、どんな理由で」がわかることによって、課題に対する答えや解決策の立案につながります。

　有益な情報を聞き出すために、とくに気をつけなければならないのは、**相手にホンネで語ってもらうこと**です。

　いくら企画書やフローどおりにインタビューを進めても、相手がタテマエ

だけを話していたら有益な情報は得られません。それでは「ただ声を集めただけ」で、分析や戦略立案にはつながらないでしょう。

相手にホンネで語ってもらうためには、最初の趣旨説明の際に次のような内容で、「こういう風に話をしてほしい」ということを、しっかり伝えることで、相手にも「ホンネで話そう」と思ってもらいやすくなります（フローにあらかじめ書いておくと忘れません）。

相手にホンネで語ってもらうための表現例

- 「思ったまま、頭に浮かんだまましゃべってください」
- 「理路整然としていなくても大丈夫です。普段どおりの言葉を知りたいのです」
- 「わからないときはわからないとか、ピンとこないとか言ってくださいね。それも大事な情報なんです」
- 「あえて悪いことを言わなきゃとか、よいことを積極的に言おうとか、考えなくても大丈夫ですよ」
- 「"一般的には"とか、"ふつうは"とか言うよりも、あなた自身が感じている個人的な意見を聞かせてください」

⚠️ 質問はオープンクエスチョンで

話を聞き取るための投げかけは、基本的にオープンクエスチョンです。オープンクエスチョンとは「Yes No」や「単語」のみで答えられない質問のことです（94ページ参照）。

たとえば、相手の趣味を聞く場合、「あなたの趣味は旅行ですか？」という聞き方がクローズドクエスチョンです。答えは「はい」もしくは「いいえ」だけですね。

しかしこの質問の仕方では、もし他に趣味があったとしてもそれが具体的にわからず、情報として不足してしまいます。

オープンクエスチョンは、「あなたはどのような趣味をお持ちですか？」という聞き方です。すると「旅行や映画などが好きです」と、より広がった答えが返ってきます。

インタビューの場で何かの印象や感想を聞くときには、下のような言い回しを知っておくと便利です。フローにメモしておいてもよいでしょう。

印象や感想を聞くときの言い回し例

- 「〇〇についてどのようにお感じですか？ どんなことでも結構ですので自由にお話ください」
- 「〇〇のあたりについてはいかがでしょうか？」
- 「〇〇のときはどのようにお感じですか？」
- 「どの辺が、どんな風に〇〇って感じなんでしょう。もうちょっと詳しく教えていただけますか？」
- 「〇〇というのは、どんな気分とか、どんな感じ？」
- 「その辺、もうちょっといろんな言い方で、どんな言い方でもいいので、できれば具体的にお話いただけますか？」
- 「それは〇〇さんにとっていいことですか？」
- 「△△というのは、〇〇さんにとってどんないいことがあるって感じなんでしょう？」
- 「いろいろ出てきたんですが、それをまとめて言い表すと、どんな感じなんでしょうねえ。何か言葉が見つかりそうでしょうか？」

なお、クローズドクエスチョンがまったく役に立たないわけではありません。**仮説をダイレクトに確認したい場合や、何かピンポイントで確認したいときは、「それは〇〇ということですか？」と、ストレートに質問する**ほうが手っ取り早いものです。

2つの質問の仕方を上手に使い分けてください。

⚠ ホンネを語らせる聞き方のコツ

相手のちょっとした発言にもさまざまなヒントが隠されています。それをしっかりキャッチして分析に生かすためにも、次のような聞き方のコツを知っておきましょう。

●相づちとうなずきを活用する

気持ちよく話してもらうには、聞き手の相づちとうなずきはとても重要です。

「あなたの話はとても価値がありますよ」ということを感じてもらうためにも、多少おおげさかなと思うぐらいで、ちょうどいいと思います。

ためしに鏡を見て、「ふんふん」と大きくうなずいてみてください。意外とそれほどわざとらしさを感じないものです。

驚いたり感心する様子を見せることで、相手は「もっと話してあげよう」という気になるものです。

相づちには、次のようなバリエーションがあるので参考にしてください。

　「そうなんですね〜」
　「なるほど〜」
　「ほー！　それで？」
　「そういうこともあるんですね〜」
　「面白いですねえ」

●相手からの質問には安易に答えない

ときどき、インタビューの最中に相手から質問を受けることがあります。それは、単に質問があるというよりは、何か考えが浮かんだ場合が多いものです。

なので、基本的にはすぐには答えずに、

　「……といいますと？」

と切り返しましょう。そうすると、「実は、こんな風に思って……」などとホン

ネが出てきます。

- ●「ですけど……」の後を突っ込む

インタビューをしていると、よく「○○なんですけど……」という発言が聞かれます。

この「ですけど」という発言の後にホンネが出てくることが多いので、ここで一言突っ込んでみてください。言い方としては、次のような感じです。

「ですけど……、何ですか？」
「……と、おっしゃいますと？」

- ●「こういう人がいましたが……」と言って誘導する

自分が考えていた仮説とちょっと違って、「本当にそうかな？」と思えるような発言が出てくることがあります。

その場合、ダイレクトに「○○ではないのですか？」と聞いてしまうと、誘導的になってしまいます。そういうときは、

「○○という人がいましたが、参考までにあなたはどうですか？」

という聞き方をすると、インタビュアー側の意図を悟られずにすみ、ホンネが聞きやすくなります。

- ●もっといろいろな意見を引き出したいときの言い回し

インタビューをしていると、もうちょっと深掘りして聞きたいときや、もっといろいろな表現の言葉を引き出したいときもあります。

そんなときは、聞き方次第で相手が考えをめぐらしてくれたり、視点を変えてしゃべりやすくなったりすることもあります。

誘い水になるのは、次のような問い掛けです。

「どうなんでしょうねえ〜」
「そんなことまで考えてないですよねえ〜、でもちょっとでも思いつくことあったら……」

「思いつくまま、どんな言い方でもいいので……」

「"たとえば"とか、"ひょっとしたら"ってことで全然構わないんですけど……」

「ほんと、奇想天外なことでもいいんですけど……」

⚠️ 笑顔と「あなたの意見は大事」という気持ちを忘れない

　いろいろと、話の聞き方のコツを述べましたが、こうしたことはインタビュー調査という仕事だけではなく、日常生活の人づきあいや子育てにも大いに役立つと感じます。

　そう考えると、日々いろいろな消費者に接するインタビュー調査という仕事も、奥が深いなあと感じます。

　ビジネス上のインタビューであっても、要は、人と人のつきあいです。売り手と消費者という立場の違いはありますが、相手も人間、自分も人間です。

　結局のところ、笑顔と「あなたの意見は大事」という気持ちを忘れないことが、インタビューを行ううえでもっとも大事な心がまえなのでしょう。

相手の発言に一喜一憂しない

　自分の担当商品について聞き取りをしているとき、相手がポジティブな意見を言ってくれると、つい頬がゆるんでしまいがちです。
　逆に、ネガティブな発言には表情を曇らせることもあるでしょう。
　担当者にとって商品は自分の子どものようなものなので、ほめられたり、逆にけなされたりしたときに、こうした表情になるのは、人間として自然なことかもしれません。ですが、あまり露骨になるのは要注意です。
　相手は、インタビュアーの表情が変わると、「変なことを言ったかな……？」と思って不安になってしまいます。また、「相手を喜ばせたい」という人間の心理が働いて、ホンネのネガティブ発言にブレーキがかかってしまいます。
　インタビュアーは、どんなときも動揺せずに、にこやかな表情で話を聞きましょう。
　ネガティブ発言が出てきたとしても、それはあなたの商品をよりよくするための貴重な情報となるのです。「きたきた！」と喜ぶぐらいの心持ちで臨むとよいと思います。

③ 言葉で表現しにくいことを聞く場合の手法

❗ インタビューでよく用いられる「投影的手法」

　インタビュー調査では、主に相手の「発言」を通じて情報を得ます。しかし、そこから拾える表現や語彙は豊富とは言いがたいのが現実です。

　これは日本語の特性という面もあるようです。日本語は英語にくらべて感情や感性的な表現にまつわる単語が少ない、と聞いたことがあります。

　食べ物の味覚について感想を言ってもらうと、「おいしい」、デザインについては「かわいい」、「すてき」など、どうしても漠然とした表現になりがちです。

　ですが、漠然とした表現では、商品開発などの情報としては不充分になってしまいます。

　そのため、たとえば「香り」や「味」、または「気分」、「イメージ」等について聞く場合は、とくに工夫が必要です。

　そのようなときによく用いられるのが**「投影的手法」**です。

　この手法は、何か特定の対象について**直接的に表現させるのではなく、いったん他の対象に"投影"させたうえで、それについて語らせる方法**です。

　やや上級テクニックになるかもしれませんが、言葉で表しにくい表現を拾いたい場合に、知っておくと便利な手法ですのでご紹介しましょう。

　たとえば、「幸せな気分」にマッチした香水をつくりたい、という計画があったとします。

　そこで、あなたがインタビューを受け「幸せな気分を語ってください」と言われたら、すらすら答えられますか？

　おそらく多くの方は、すんなり言葉が出てこないのではないでしょうか。

こうした場合、いったん他の対象に"投影"させるというワンクッションをおくことで、表現しやすくなります。「最近、幸せと感じたこと」や「いままでで幸せだと思ったとき」など、自らの過去の経験に投影させる、などです。

なぜ、そのとき幸せを感じたか、理由を確認することで"幸せ"の要素が抽出できます。

また、無意識に感じていることも、投影させることで表現できたりもします。

アンケートでは紙面（画面）の制限などもあり、こうした投影的手法を使うのは不可能ではありませんがむずかしいものです。

この手法は、消費者に直接問いかけができるインタビュー調査に向いているといえるでしょう。

以上、例に挙げた方法は「ライフヒストリー」などと呼ばれますが、そのほか、インタビュー調査でよく使われる投影的手法として次のようなものがあります。

① **コラージュ法**
② **擬人法**
③ **マッピング法**

以下、それぞれの手法がどのようなものか説明します。

投影的手法①――コラージュ法

「コラージュ法」は、イメージや気分など言葉にしにくい内容をビジュアルに投影して表現してもらう手法です。

やり方としては、雑誌を数種類用意して、イメージや気分に近い写真やイラスト、文字などを選んでもらい、投影させたうえで表現を抽出します（雑誌ではなく、さまざまな種類の写真やイラストのカードを用いる場合もあります）。

先の「幸せな気分の香水」の例であれば、「幸せな気分に近いもの」を直感

的に選んでもらい、どんどん切り抜いてもらいます。

　切り抜いたら、模造紙などに貼ります。

　そして、**出来上がったコラージュを見ながら、選んだビジュアルの意図について振り返りをして言葉を抽出**します。

　例に挙げた場合だと、「そのビジュアルのどういう点が幸せな気分と感じるか」を本人に説明してもらいます。

　コラージュを作ってもらった結果ではなく、**「なぜ選んだのか」という理由が大事**なので、なるべく具体的に説明してもらいます。

　ビジュアルについて語ることで、より豊かな表現が得られ、直感的に感じていたことも言葉にしやすくなるのです。

「30代主婦の理想の生活」というテーマで作ってもらったコラージュ

⚠ 投影的手法② ——擬人法

「擬人法」はブランドなどを人に見立てて投影するものです。

たとえば、ある自動車ブランドAについて消費者がどのようなよさを感じているかを探りたいときなどは、自動車Aブランドが何かをしゃべっているイラストを描いたホワイトボードや紙などを用意します。

そして、「もしAブランドが自己アピールをしていたら、どんな風に言うと思いますか？」と聞いて、吹き出しの中に言葉を書き込んでもらいます。

直接的に「Aブランドのよいところを挙げてください」という問いかけをしても、相手が答えにくい場合は、こんな風に商品に投影して視点を変えることで表現が出てきやすくなります。

この場合も、「なぜ、そのように書いたのですか？」という振り返りをすることで、より豊富な情報が引き出せます。

擬人法の例

❗ 投影的手法③ ──マッピング法

　「マッピング法」は、ブランドや商品などの相対的な位置づけや、商品群内のブランドが「おおよそどのように見られているのか？」を知りたいときなどに用いられる手法です。
　何かと比較することで、違った視点での情報が引き出せ、ゲーム感覚で楽しめます。みなさん自身も一度やってみると面白いと思います。

　たとえば、「シャンプーのブランドの相対的イメージを知りたい」という場合は、対象ブランドを含めシャンプーカテゴリー内の主なブランドを集めます。シャンプーぐらいの大きさだったら、現物そのものを揃えるといいでしょう。
　対象が大きいもの（たとえば家電や店など）の場合は、ブランド名や製品名を書いたカードや写真を用意します。数は15前後ぐらいが適当ですが、それ以下でもそれ以上でも大丈夫です。

　そして、「自分向けと感じる／感じない」、「売れていそう／売れていなさそう」、「役に立ちそう／あまり役に立たなそう」といった評価軸を設定して、集めたブランドをグループ分けしてもらいます。
　ここでのポイントは、

- **分けられた結果ではなく、分けた理由**
- **分けられたグループの意味**

を確認することです。

　そのため、グループ分けは2つに限らず、自由に増やしてもらってもかまいません。
　要は、どのような軸を持っているのかの確認なので、グループの分け方自体を相手に決めてもらう場合もあります。

そしてなるべく、「こういう理由だから、こっちのグループに」などと、話しながら作業をしてもらいます。ただ黙々と作業をされると、理由がわからないからです。

最後に振り返って、分けられた理由を確認し、またそれぞれのグループの意味を聞きます。
そのことで、消費者の頭の中で市場や商品群がどのように捉えられているのか、その中で自社ブランドがどのような位置づけなのかが明確になってきます。

チョコレート商品のマッピング例

Part 9

発言内容を分析し、役立つ情報を抽出するステップ

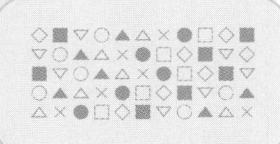

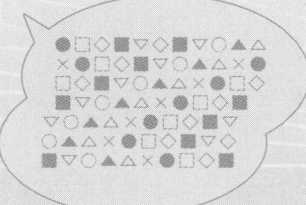

① 情報収集だけで満足してはいけない

⚠️「消費者の生の声を聞けて満足」ではもったいない

　インタビューが終わって、よくありがちなのが「消費者の生の声を聞けて満足」という状態です。

　実際に直接消費者と接すると、思いもかけない発言が得られたり、リアルな使用場面や印象などを聞けたりして、企業側はとても刺激を受けます。

　そうしたことも大きな収穫ですが、「生の声が聞けてよかった」と満足感を得るだけでは、大変もったいない話です。

　インタビュー調査にかぎらず、アンケート調査でも「データを集めて終わり」になってしまうケースは意外に多いものです。

　80ページで、消費者へのインタビュー調査を料理に例えましたが、声を集めることは買い物をして食材を集めたことに過ぎません。

　消費者の声を聞いただけで、分析して戦略立案に役立てないのは、「材料がありながら調理して料理をつくらない」ようなものです。

　話の聞きっぱなしに終わらせないためには、何より、「調査の目的意識」を一貫して持ちつづけることです。

　つまり、「どういう課題を解決するために、このインタビューをするのか？」ということを企画段階で明確にし、それを意識しつづけるのです。

　その意識がなければ、せっかく得られた「消費者の生の声」という貴重な情報を生かすことはむずかしいでしょう。

　リサーチ会社に調査を依頼した場合は、詳細に分析した報告書が得られますが、実務担当者が自分たちで行った場合は自らで分析するしかありませ

ん（もちろん、リサーチ会社に依頼したとしても、結果を自分たちで分析することは大事なことです）。

とくに、インタビューで得られるような定性的情報は、数字データと違ってパソコンで集計することもできませんし、グラフにしたり解析することもできません。そのため、「どのように分析したらよいか」という声も聞かれます。

以下、何らかのアクションにつなげるために、「消費者の声」という貴重な情報をどう分析していったらよいのか、その手順と方法について説明していきましょう。

⚠️「分析」に魔法のようなテクニックはない

「分析」というと、何だかとてもむずかしそうな仕事をイメージする人もいるのではないでしょうか。

私自身も学生の頃は、「ものすごく頭のよい人が魔法のようなテクニックを駆使してやるもの」といったイメージがあり、「自分にはそういう仕事は向いていない」と思っていました。

就職をするときも、もちろんそうした職種は敬遠。漠然とですが「自分には発想力がある」と思っていたので、それを生かして身近な商品を開発する仕事がしたいなあと考えていました（いま思えば、発想力だけで商品開発ができると思っていたのですから浅はかでした）。

新卒時は日用品メーカーのユニ・チャームに入社し、希望していた商品開発やプロモーションなどを推進するマーケティング部に配属されました。

しかしそこでは、新入社員の仕事として、自分が苦手な分析作業を数多くこなさなければならない現実が待っていたのです。

ユニ・チャームでは非常に多くの消費者調査を行います。調査を外部に委託することもありますが、その企画と分析、そして施策立案はマーケティング担当者が自ら手を動かして行っていました。

新人の頃は、毎日のように出てくる調査結果や各種市場データなどを分析することが仕事の中心でした。

正直、面倒で地道な作業でしたが、上司や先輩に手順を教えてもらいつつ、とにかく次から次へと数をこなしました。

その後転職したメーカーやリサーチ会社でも数多くの分析を行いました。

こうした経験から痛切に感じるのは、「分析という仕事に向き不向きなどない」ということでした。**分析という仕事をむずかしく感じるのは、「具体的な手順・方法がわかっていない」**ことが大きいのです。

もしくは、手順を踏まえずにいきなりヒラメキのような結果を出そう、というような考えがあるのかもしれません。

結局のところ、**手順・方法を覚え**、**コツコツと数をこなせば、おのずと分析というものはできるようになる**というのが、これまでマーケティングリサーチの仕事をしてきた私の実感です。

❗ インタビューで得られた発言情報を分析するステップ

では、具体的に分析の手順を説明します。

基本的な流れは、以下のとおりです。

①発言情報を記録する
⬇
②調査課題ごとに情報を分ける
⬇
③整理された情報を解釈する

分析というと、「解釈すること」がメインと思われがちですが、まず大事なポイントは、「情報を分けること」です。

どういうことかというと、調査では雑多な情報が集まりますが、まずは事実の情報を何らかの分類で整理していくのです。

ちなみに、分析の「分」と「析」という漢字は、どちらも分けるという意味です。

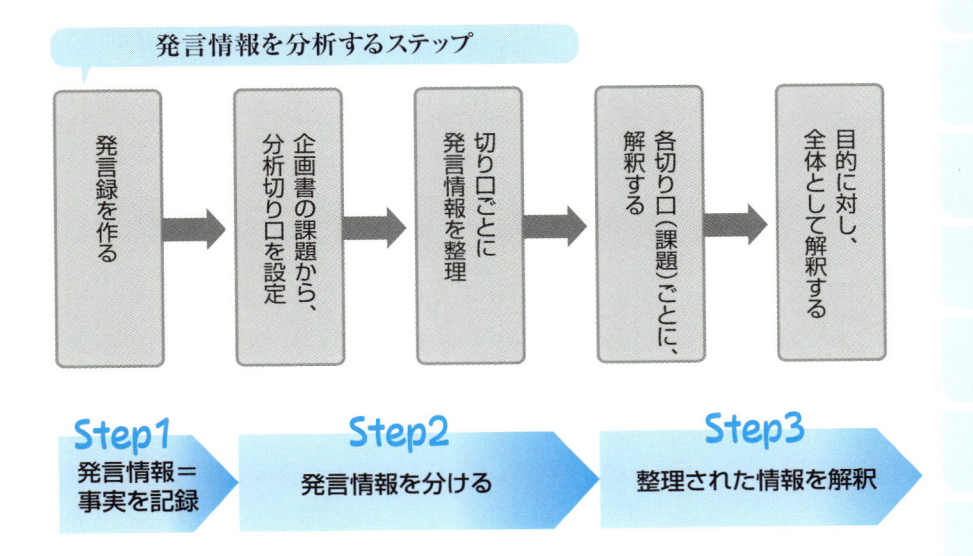

発言情報を分析するステップ

発言録を作る → 企画書の課題から、分析切り口を設定 → 切り口ごとに発言情報を整理 → 各切り口（課題）ごとに、解釈する → 目的に対し、全体として解釈する

Step1 発言情報＝事実を記録
Step2 発言情報を分ける
Step3 整理された情報を解釈

上図の分析手順に沿って、以下詳しく説明をしていきましょう。

② 分析ステップ1：発言録の作成

なぜ、発言録の作成が必要なのか

　Part7でも触れましたが、インタビュー調査をするときは、できれば発言録を作ることをおすすめします。
　発言録とは、インタビューに応じてくれた人の発言内容を書き起こした記録です。
　私が仕事で個別インタビューを行う場合は、とくにフォーマットは用いず、リライター（発言録作成者）にワードでそのまま発言を打つ形で作ってもらいます。手書きの場合もあります。

　インタビューで得られる生の声は、意外に情報量があります。5分10分程度ならそれほどでもありませんが、30分を超え1時間を過ぎると相当な量になります。
　いくらインタビュー中にメモを取っても、普通の人間ではとても正確に発言内容を覚えてはいられません。
　人の記憶はあいまいなものです。そして、どうしても自分の仮説や持論に合っている発言が記憶に残りがちです。反対に、あまりにも仮説と大きくかけ離れたような衝撃的事実に気をとられてしまうこともあります。

　マーケティング上のヒントは、インタビュー中の"ふとした言葉"にあることも多いものです。そのため、インタビューで得られた情報を生かすためには、発言の内容を極力ありのまま残しておいたほうが無難です。
　このような背景から、私は、インタビュー調査をする際には基本的に「発言録を作る」ことをおすすめしています。

後日改めて発言内容を確認したい場合にも、録音や録画の記録では振り返りに時間がかかってしまいます。発言録なら短時間に一覧できますし、ピンポイントの確認も簡単です。

　ただし、発言録の作成に多大な時間をかけるのは本末転倒ですので、ケースバイケースで、方法やレベルを考えるとよいと思います。

⚠ 分析に不可欠な「事実」の記録

　インタビューに限らず、戦略を立てるためには、まず「**事実を基にした分析を行うこと**」が大前提です。事実があやふやだと、そこから導かれる戦略も足元がおぼつかないものになってしまいます。

　インタビューでは、**発言そのものが**「**事実**」です。インタビュアー側の記憶やメモは、事実に近いかもしれませんが、"聞き手側の解釈"というワンクッションが入ることがあるので、事実とは違ってしまう可能性があります。

　発言を解釈せずに極力そのまま記述した「**事実**」**の記録（発言録）は、分析にとってなくてはならない資料**になります。

　また、報告書やプレゼンテーション資料を作成するような場合、消費者のリアルな発言内容を盛り込むと印象が強くなり、説得力が増すものですが、発言録があれば容易に材料を探すことができます。

　たとえば、「期待したほどではなかったという不満がある」という分析に、実際の発言として「買ったときはワクワクしたけど、使ってみたら『なーんだ』という感じで、ほんとがっくりしちゃいまいした」という文言を発言録から抜き書きして加えると、本当にそのような消費者の反応があったというリアル感がより伝わります。

⚠ 発言録を作成するうえでの留意点

　以上述べてきたように、発言録を作成するメリットは大きいのですが、プロのリライター（発言録作成者）に依頼すれば当然費用がかかるので、自分

たちで行うこともあるでしょう。
　そこで、発言録を作るうえでの留意点をまとめておきます。

●発言内容は極力そのままで
　発言内容を一言一句完璧に再現する必要はありませんが、変に表現を丸めたり、意味を継ぎ足したりしないで、極力そのまま記録しましょう。
　ただし、「あれ」、「それ」などの代名詞や、語尾まではっきりしゃべらなかった部分などは、言葉を補足しなければわかりにくいものです。
　そこはカッコ書きで言葉を補足するなど、生の発言内容と区別できるようにしておくとよいでしょう。

●ニュアンスやしぐさなども記録
　たとえば、「しばらくの沈黙の後に口を開いた」、「笑いながら言った」、「身振り手振りを加えた」など、言葉以外のニュアンスやしぐさなども書き加えておくと、後々発言録を読んだときにその発言の様子がイメージしやすくなります。

●インタビュアー側の質問も記録
　発言を引き出したインタビュアー側の質問の仕方も重要なポイントです。どんな聞き方に対する返答だったのかがわかるように、極力そのままの表現を記録しておきましょう。

●個人名をそのまま記載しない
　個人情報保護の観点から、個人名は極力記載せずにイニシャルにするなど、個人を特定できないようにしましょう。社内でしか見ない発言録としても、個人名は書かないのが原則です。

3 分析ステップ2：発言情報を分ける

⚠ 発言情報を分ける切り口は企画書にある

　発言録が出来上がっても、それだけでは発言内容の分析はできません。発言を眺めるだけでも、もちろんヒントなど得るものもありますが、そこから何か意味合いを読み取るところまではなかなかむずかしいでしょう。

　分析は、まず得られた発言の膨大な情報を分けることからスタートします。

　情報を分けるためには、何らかの**「切り口」**が必要になりますが、それはすでに調査企画書の中にあります。

　調査企画書を作るときに「何を明らかにしたいのか？」という調査課題を決めたはずです。その課題が切り口になります。

　こうして調査企画に沿って切り口を決めることで、分析まで一貫性が保てます。

　もともと知りたかったこと（＝調査課題）に対する答えを知るためにインタビューを行いました。

　それぞれの調査課題に対して、事実からどのようなことが言えるのかを考えるのが**「解釈」**です。

　いくつか違った属性（年齢、性別、使用商品等）の人に話を聞いた場合は、**属性によって発言内容がどう違うのか**、見極める必要があります。

　また、個人それぞれで違いが大きい場合や、それほど多人数でない場合などは、Aさん、Bさんといったように、個人ごとに課題に対して言えることを考えてもよいでしょう。切り口として、課題と属性や個人1人ひとりをクロスさせて属性間の違いなどがわかりやすいようにします。

「調査課題」×「属性」でのクロスの仕方は、たとえば下図のようになります。

課題は1つではないので、属性の軸は変わらずに、切り口の課題が増えていく感じになります。

「調査課題」×「属性」でのクロスの仕方の例

		属性（または個人）						
		購入継続者	中止者	男性	女性	30歳代	40歳代	50歳代
調査課題	■最初に購入したきっかけ	---	---	---	---	---	---	---
	■	---	---	---	---	---	---	---
	■	---	---	---	---	---	---	---

⚠ 調査課題ごとに発言情報を分ける

まずは「知りたかったこと」、つまり調査課題に対しての情報を整理します。できた切り口に発言情報で該当することを加えていきます。

発言録を最初から順番に読んでいき、各課題の切り口に当てはまる事実情報を簡潔に入れていきます。このときは、全部の情報を入れるのではなく、課題に対して何かしら意味を持って必要そうな情報にやや絞るのがポイントです（次ページの図の例を参照）。

次ページの例の場合、同じ新製品を買った人でも、買い続けている人（購入継続者）と買わなくなった人（購入中止者）では、「買う前の味に対するイメージ」と「甘い味わいへの評価」が異なることがわかります。

このように、属性によって違うポイントがわかると課題解決のヒントとなります。

発言情報を分けて整理する例・飲料

調査課題（切り口）	購入継続者	購入中止者
最初に購入したきっかけ	●コンビニで目に入った ●CMで見た ●ネーミングから、甘そうな味を想像した	●コンビニで目に入った ●CMで見た ●容器の色から、あっさりした味を想像した
味の印象	●甘すぎるとも感じたが、甘い味が好みなのでOK	●予想外に甘くておいしくないと感じた
…	…	…

⚠ 発言情報の整理作業をする際の留意点

以上説明してきたような、発言情報の整理をする際には、次の点に留意してください。

●切り口の枠は必要に応じて増やす

作業をしながら、「どの切り口にも入らないけど重要だな」という発言にぶつかることもよくあります。

これは当然で、調査課題（切り口）はあくまでも仮説でつくっているので、実際にインタビューしてみて　違うことがポイントとして浮上することは起こりえます。必ず決めた枠に入れ込むことが目的ではないので、そのときは、深く考えずに枠を増やします。

このように、予期しない切り口自体が浮かび上がってくることもインタビューの面白さといえるでしょう。

●予想外の気づきはすぐにメモする

切り口に情報を埋めていくなかで、ふと「この商品が売れない大きな原因

はここにあるのでは!?」、「こういう方策を立てたらうまくいくのでは!?」といったヒントが頭に浮かぶことがあります。

　おそらく、生の発言情報を課題に沿って読み取っていくなかで、脳が活性化されているのでしょう。

　こうしたヒラメキは、とても役立つことが多いのですぐにメモしておきます。ヒラメキの難点は「忘れやすいこと」です。案外すぐに忘れてしまうので、自分の記憶を当てにせずに、欄外でもどこでもよいのでメモしておきましょう。

●必要と思われない情報は捨てる

　先に述べたように、発言録を作成する段階では、事実である発言を大事にするように極力そのまま記録します。しかし、課題の切り口に発言情報を整理する段階では、取捨選択も必要になってきます。

　課題に対して、とくに必要と思われない情報は捨てていってもかまいません。

　もし判断がむずかしいようであれば、迷う時間がもったいないので、「備考」、「その他」などの枠をつくって、とりあえずそこに入れておきましょう。

⚠ 手書き作業とパソコン利用の作業

　具体的な作業のやり方ですが、私の場合は手書きでやることもあれば、パソコンを利用することもあります。

　紙のほうが持ち運べたり、全体を一覧しやすいので、手書きで行うことが多いかもしれません。アイデアをふくらませたいときは、手早く書き込めるパソコンで作業をしています。

　以下、私流の作業のやり方をご紹介します。

① 紙に手書きで作業

　手書きのときは、A4の白紙の紙にタテ軸を「属性」で、ヨコ軸を「調査課題」として枠を作り、発言録を見ながら当てはまる部分に箇条書きなどで書き入れていきます。

　この時点では深く考えず書き入れます。迷ったらとりあえず入れておく感じです。

　紙に手書きでやる方法を、ワードやエクセルなどを利用して行ってもよいのでしょうが、なぜかうまく情報の仕分け作業が進まないのです。

　われながら不思議なのですが、頭が活性化しないようで、消費者の発言からヒントを読み取ったり、読み取った情報からさらにヒラメキが浮かぶことが少ないように感じます。

　これは、ソフトの特性として、要素を入れ替えたり、ふと気がついたことを欄外に書き留めるなどの作成の自由度合いが、手書きに比べて低いからなのかもしれません。

② パソコンでマインドマップソフトを使って作業

　パソコンで作業するときは「マインドマップ®」と呼ばれる情報整理や発想に用いられる図を描くソフトを使います（私は「Mind　Manager」というソフトを利用しています）。

マインドマップでは、最初にテーマを決め、それを構成する大項目を決め、それに当てはまる要素を枝として付け加えていきます。
　この工程が、「切り口を決めて、枠を作って、要素を当てはめていく」紙に手書きの作業内容とほぼ同じなのです。
　最近はマインドマップソフトも増えているようなので、ネットで検索したり、詳しい人に聞くなどして選ぶとよいと思います。
　「Free　Mind」などの無償ソフトもあるので、ネット上でダウンロードして試してみてもよいかもしれません。

　手書きとパソコン、それぞれよさがあります。手書きのよさは自由に書入れがしやすいこと、パソコンがなくても紙と発言録さえあればできることでしょうか。
　気のせいか、手書きならではの頭の活性化も起きるような気がします。
　パソコンでやるよさとしては、データとして記録が残ることやコピー＆ペーストが出来ること、マップの形なので一覧性が高いこと、ワードやパワーポイントにエクスポートできるので資料作成が効率的に行いやすいことなどが挙げられます。

④ 分析ステップ3：整理した情報を解釈する

⚠️「そこから何が言えるのか」を読み取る

　ここまでのステップで、「声」という定性的な情報を、調査課題などの「切り口」ごとに分けて整理するところまできました。

　次のステップは「解釈」です。具体的には、**切り口ごとに「そこから何が言えるのか」という「意味」を読み取る**作業です。

　「意味」とは、最初に設定した調査課題に対する答えです。加えて、発言から新たに発見された（気づいた）こともあります。

　たとえばパッケージの評価だったら、「20代、30代の女性は、○○の理由でポジティブな傾向だった」、「ただし、20代、30代の女性でも、△△の特徴がある人は意識が異なった」ということが読み取りにあたります。

　単に「いい」「悪い」ではなく、理由や傾向などをつかむことが大事であり、**分析者の"読み取り力"が試される**ところです。

　こう書くとむずかしそうに思えるかもしれませんが、ここまで発言情報を分ける作業段階でも、こうした情報の"読み取り"に近いことが行われています。

　ぜひ実際にやってみていただきたいのですが、発言情報がどの切り口に当てはまるか、当てはまらないかなど考えながら作業をしていると、最初は漠然としていた消費者の情報が形になり、輪郭が見えてくる感じがします。

　こうして、発言情報を切り分けたうえで解釈するという手順を踏むことで、単にインタビュー場面で印象に残ったことだけではなく、調査課題それぞれに対して、しっかりとした分析ができるのです。

⚠️ 各調査課題と調査目的に対しての答えを書き出す

　分析の締めくくりとして、ここまで整理されてきたことを、改めて書き出しましょう。

　プロのリサーチャーであればクライアントへの報告書作成という段階に入るのですが、実務担当者自らがインタビューした場合は形式にこだわる必要はないでしょう。

　自分たちがすぐに活用できて、なおかつ、後になっても「どのようなインタビューをして、どういうことが明らかになったか」がわかる内容になっていれば大丈夫です。

　項目には、分析途中で加えられた切り口を追加してもかまいませんが、**企画書に書いた「最初に知りたかったこと」に対する答え、つまり、調査目的と課題に対する答えを必ず押さえておくことが大事です。**

　手順としては、各課題の項目ごとに考察したことを書いていきます。簡潔にわかりやすく、そのように判断した理由も含めて記述します。

　次に、**このインタビュー全体から何が言えるか、結論を考えます。**

　それぞれの課題について分析をしてきましたが、それらを基に最初に企画書で立てた「調査の目的」に対する見解を明らかにします。

　たとえば「売上げを上げるための方向性を見出す」が調査目的だとすれば、「消費者の購買をさらに促す要因は○○と考えられる」という結論が導かれます。

　この結論をサポートするのが、各調査課題の分析ともいえるのです。

　なお、ここで説明した各課題や目的に対する考察や結論は、必ずしもこの順番ではなくても大丈夫です。実際には、行きつ戻りつしながらの作業になると思います。

これで、簡易的な「調査報告書」が出来上がります。
　消費者の状況を把握するという意味では、このままでも充分活用価値はあると思いますが、そもそもインタビューを行ったのは「次のアクション」へつなげるためであったはずです。
　そのため、Part10で説明する戦略への落とし込み作業を行う必要があります。

5 役立つ情報を抽出するための視点

　以上、分析の手順について説明してきましたが、最後に、私の経験もふまえて発言情報を分析するにあたって留意したい大切なポイントをお伝えしたいと思います。

⚠ さまざまな発言をどう受けとめるか

●当たり前の情報も聞き逃さない

　インタビューをしていて、当たり前の情報ばかり出てくることもあります。

　たとえば、エアコンはフィルター掃除が面倒です。おそらく、インタビューをすると「フィルター掃除が億劫」という声が相次ぐでしょう。

　メーカー側にしてみれば、エアコンの本質的機能である「冷房性能」や「省エネ性」とは異なる「掃除の手間」というのは、あまり関心を引かない情報かもしれません。

　しかし、「また同じ意見が出た」と聞き流してしまっては、思考停止状態になってしまいます。

　ここ数年、フィルター掃除の手間を軽減するエアコン商品が続々と発売されていますが、きっと長年当たり前すぎて聞き流されていた意見を受け入れて、解決の道を探ったことが消費者ニーズに対応した商品の開発につながったのではないかと推察します。

●発言をそのまま鵜呑みにしない

　「発言情報という事実を大切に」と述べてきたことと矛盾しているように聞こえるかもしれませんが、分析ではしっかりと消費者の声を聞きながらもそのまま額面通り受け取らないことが大切です。

　「声を聞く」ことは「言いなり」になることではないのです。「この商品は、青ではなくて赤がいい」という意見があったとしたら、「赤のほうが受容性が

高い」と考えるのではなく、「どういう人が、どういう理由で赤がいいと言ったのか」、「どのような意味で青がよくないと思っているのか」を明らかにすることが大事なのです。

本当に消費者の言いなりに開発をしたなら、まったく魅力のない商品になってしまうでしょう。

なぜなら、消費者はすべてをわかっているわけではないからです。自分が知っている経験の範囲内のことはわかりますが、反対に経験外のこと、未知のものについては（評価はできても）自分からは表現のしようがありません。

消費者の声はあくまでもヒントという「材料」。それをいかに市場から調達し、調理し、斬新なアイデアに仕立て上げるかはマーケターという料理人の力量次第。これが消費者の声をマーケティング実務に生かす面白さでもあると思います。

●表面的な不満や買わない理由には注意

たとえば、「値段が高いから買いたくない」という発言があった場合、単純に「いまの価格は高すぎるから下げるべきだ」と考えるのは早計です。

理由によっては、その商品のよさがわかっておらず、「高い」と感じただけかもしれません。よさがわかれば、態度が変わることも考えられます。

また、ただ興味がないので、言いやすい理由として「高いから」と言っただけかもしれないのです。

本当に購入を阻害するほどの不満や理由なのか、見極めることも大事です。

本質をつかむための着眼点とは

●大きく捉えてから細かく解釈

マーケティングリサーチ全般に言えることですが、基本的な視点は「全体から細部へ」です。

発言情報から解釈する際にも、ざくっと「その課題に対して、ひとことでいうと何と答えられるか？」を考えることが大事です。
　そして、その解釈に関するサポート情報を加えていくイメージです。
　解釈のときに、発言の細部から出発することがすべてダメというわけではないのですが、どうしても肝心なことが抜け落ちてしまいがちですし、細かい部分が気になってしまうと、ついつい「全部細かく見なくては」と完璧主義に陥り、時間もかかってしまいます。
　視点は「まずは大きく、次に細部へ」を心がけるとよいと思います。

●「誰が」、「どんな理由で」をしっかり分析

　何度もくり返しになりますが、インタビュー調査では、「誰が」、「どんな理由で」言ったのかがとても大事なポイントです。
　ですが、発言内容を分析していると、「この人がなぜ、○○と言ったか、理由がよくわからないな〜」ということも出てきます。
　そうした場合、理由がわからないからといって何も書かないのではなく、推測でもよいので、考えられる理由を書きます。
　ただし、推測であることがわかるように、「おそらく」、「たぶん」、「〜と推測される」などと書き加えておくようにします。
　こうした苦労があればあるほど、インタビュー場面での「理由情報の確認」がいかに大事か、再認識させられます。

6 発言情報分析のケーススタディ

本章では発言情報の分析について説明してきましたが、具体的なケースを使って、作業の流れをおさらいしたいと思います。

ここで取り上げるのは、私自身が消費者インタビュー調査のトレーニングのために考えた架空のケースですが、実際にデモンストレーションなどで対象となる主婦の方に聞いていますので、内容は実際の消費者の声と同じといえます。

【インタビュー調査の企画段階】

漬物を製造販売しているA社では、販売低迷に悩んでいました。

スーパーでの漬物の主要な購入者は中高年なのですが、なかなかファミリー層や若年世代には買ってもらえていないため、ターゲット層が狭いことが原因ではないかと考えました。

そこで、これまで漬物を買っていない人たちを対象に、新しい商品を開発し発売することをめざしました。

対象はスーパーの主要利用者である30代主婦です。彼女たちに買ってもらえる商品を開発するために、まずはインタビューでニーズ抽出を行うことにしました。

加えて、既存の情報から仮説的に新商品コンセプトを考え、それに対する評価も合わせて行うことにしました。

次ページに、この調査の企画書を掲げます。

社員の知人の主婦に声をかけて集まってもらい、インタビューの実施です。なお、対象者は新しいターゲット層開拓ということで「いまは漬物を買っていない30代の子持ち主婦」としました。

調査企画書

タイトル	漬物新商品開発のための消費者インタビュー調査	作成日	作成者

背景	漬物商品の販売において、現在の販路であるスーパーの売上げはここ数年横ばいを続けている。そのため、現在漬物の購入量が少ない20代〜30代向けの漬物商品の開発を予定している。 近年、野菜ジュースの需要が増える等、消費者の健康志向は高まっており、野菜を手軽に摂取できる漬物が今後さらに受け入れられる可能性は高いと考えている。ただし、消費者の漬物に対するイメージで、下記のようなネガティブな意識があることが知見からわかっており、これらを払拭することが重要と思われる。 ・塩分や添加物が多いので健康によくない、子どもに食べさせたくない
目的	・新しいターゲットに向けた新商品アイデアのためのニーズを収集する ・新商品開発の参考として、仮説的コンセプトへの評価を得る
調査課題	〔1〕漬物の受容状況　　　　　　　　〔2〕仮説的コンセプトに対する評価 　・魅力点・問題点　　　　　　　　　・全体の印象評価 　・購入要因、購入阻害要因　　　　　・魅力点、問題点とその理由 　・既存商品の見られ方
実施後のアクション	1.抽出された漬物に対するニーズを基に新商品コンセプトを開発する 2.仮説的コンセプトが受容性がある場合、ブラッシュアップして開発を進める
仮説	・野菜を手軽に摂りたい、家族に食べさせたいというニーズは強いが、決め手となる手段が少ない ・現状の漬物へのネガティブな意識を解消すれば「野菜不足解消のための漬物」は受容される可能性がある
対象者／人数	30代子持ち主婦（現在スーパーで漬物商品を買っていない人） 4〜5名程度
実施時期	○○年○月○日〜○日
費用・他	場　所：自社会議室 費　用：謝礼○○○○円×5名＝○○○○円

【STEP1：発言録の作成】

インタビューの結果、次のような発言録ができました。

司会（司）：
ふだんの食事で野菜を摂ることについてどのようにお考えですか？

主婦Sさん（以下Sさん）：
やっぱり野菜は食べたいなあと思いますよね。食べなきゃというか。自分の健康もそうだし、夫や子どものためにもだし。でも、夫も子どもも肉が好きだからなかなか食べないですよね。

司：
野菜料理をつくるときに困ることなどあったら教えてください。

Sさん：
野菜の調理は正直面倒に感じることもあって、つい使いやすい野菜、たとえば切ったままで出せるトマトとか、洗うだけでいいもやしとか。ざくざくと切りやすい水菜とか、レパートリーが決まってきてしまいます。

司：
（既存の漬物商品を見せながら）スーパーでこのような漬物を買って食べることはありますか？

Sさん：
あまりないですねー。（司：どうしてですか？）漬物は嫌いじゃないんだけど、スーパーで何となく手が出ないというか。しょっぱそうだし、いろいろ化学調味料とか添加物とかも使ってそうだし。商品

の見た目も古臭いデザインというか筆文字だったり。なんだか年配の人向けというか、だからしょっぱそうな気がするのかしら。自分向けという感じがしません。

司：(コンセプト提示して)このような商品があったらどうですか？

＜仮説的コンセプト＞

> 季節の野菜が10種類入った漬物です。
> サラダ感覚で、手軽に10品目の野菜が食べられます。
> 超低塩・無添加だから、野菜の栄養成分を損ないません。
> 1人分で、1日に必要な野菜の半分が摂取できます。
> 1パック2人分、248円。

Sさん：
「10品目」「1日の必要な野菜の半分」ってすごいですねー。これさえ出せば、いろいろな野菜が食べられて最低限まかなえる感じ。手間がないし、家族が食べてくれたらラク。すごく魅かれます。
「サラダ感覚」だと何となく新鮮でおいしそうな感じがします。惣菜コーナーの野菜サラダみたいに買えるのかな？ それより、お手ごろだからいいかも。塩分や添加物を気にしなくていいのは嬉しい。もちろんおいしいかが一番気になるけど。
「サラダ感覚の漬物」ってどんな味なんでしょうね？ 1日の野菜必要量の半分が摂れるわりには安い気がするけど、どんな材料を使っているのかしら？

…（つづく）

【STEP2：発言情報を分けて整理する】

次に発言録を基に、発言情報を整理します。

切り口は調査企画書に書いた調査課題からまずは設定します。下表のように人ごとに分けていき、それぞれの発言で課題に対して必要そうな情報をピックアップして記入していきます。

調査課題	Sさん	Tさん
野菜摂取についての印象	・野菜は摂りたい ・自分や家族の健康のために野菜は摂りたい ・家族も肉が中心で野菜を食べにくい ・調理は手間を感じることもある ・調理のラクさや食べやすさなどから使う野菜が限られがち	・・・
漬物のよい点	・実家の手作りの漬物は好き。おいしいし添加物などないので安心。 ・生野菜が手軽に食べられるからよい	・・・
漬物のよくない点	・市販のものは塩分・添加物が気になる ・パッケージが魅かれない、自分向けと感じない	・・・
仮説的コンセプトの魅力点	・「10品目」「1日の必要量の半分」はいまよりもラクに野菜摂取できそう（自分も家族も） ・「サラダ感覚」は新鮮でおいしそうな印象 ・気になる塩分や添加物に配慮されていてよい	・・・
仮説的コンセプトの問題点	・実際の味が気になる ・安い野菜を使っているのでは、という疑念（産地が気になる）	・・・
・・・	・・・	・・・

【STEP3：整理した情報を解釈する】

調査課題に対する情報整理が終わったら、それぞれの課題に対しての解釈をします。そして、結論を考えます。基本的には調査企画書の「調査の目的」に対する見解が結論となります。

＜調査の目的＞
- 新しいターゲットに向けた新商品アイデアのためのニーズを収集する
- 新商品開発の参考として、仮説的コンセプトへの評価を得る

結論と課題に対する解釈を書き上げたものは以下のようになります。簡単な内容ですが、分析を終えた「調査報告書」といえるでしょう。

＜結論＞
- 野菜摂取・漬物に関して次のようなニーズが抽出された
    - 「手軽にいろいろな種類の野菜を摂りたい」
    - 「いまよりも家族に野菜を食べてほしい」
    - 「調理の手間なく野菜を摂りたい」
    - 「市販の漬物で塩分や添加物が気にならないものを選びたい」 etc.
- 仮説的コンセプトは対象とした「ふだんスーパーで漬物を買わない」主婦において受容性が認められた。コンセプトのブラッシュアップ、試作品作りなど開発を進めるべきと思われる。

＜各調査課題についての考察＞

<u>野菜摂取についての印象</u>
- 健康のため、できるだけ自分だけではなく家族にも食べてほしいという気持ちがある
- 野菜の調理の手間、使う野菜の種類が決まってしまっている、などの不満がある

<u>既存の漬物のよい点</u>
- 生野菜が手軽に食べられる
- メニューとしての漬物自体は好まれる傾向

<u>既存の漬物のよくない点</u>
（とくに市販の漬物に関して）
- 塩分や添加物が多そう、など健康に悪そうな印象
- パッケージが年配向きで自分向け商品と感じにくい
　　　⇒店頭で購入選択肢に入りにくい

<u>仮説的コンセプトの魅力点</u>
- コンセプト全体として意向を示される傾向。受容性は伺える。
▶ 「10品目」「1日の必要量の半分」は現在の野菜摂取の問題を解決してくれそうで非常に魅力と感じられる
▶ 「サラダ感覚」は目新しさや「自分向け」との印象になりそう
▶ 漬物に対するネガティブ要素である「塩分」「添加物」が解消される

<u>仮説的コンセプトの問題点</u>
- 一部問題点が感じられているため要検討
▶ 実際の味が気になる
　　　⇒試作品で再度検証
▶ 安い野菜を使っているのでは、など材料に対する疑念
　　　⇒産地・素材に関する訴求も必要か？

　数名に対するインタビューからの分析結果なので、活用の仕方には注意が必要ですが、手づくりの小規模なインタビュー調査であっても、このようにまとめることで「消費者の声から何がわかったか」が整理できます。
　また、自分以外の社内の人への周知や説得のうえでも役立つと思います。

Part 10

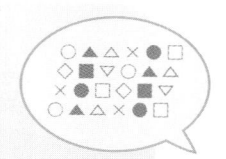

消費者インタビュー調査を戦略の立案に生かそう

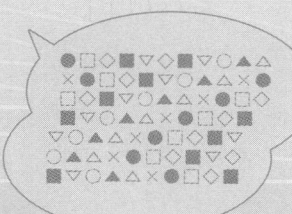

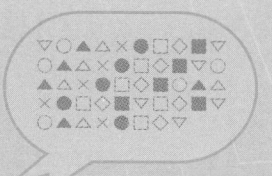

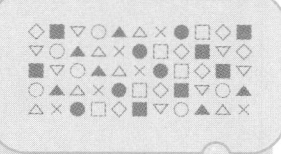

① 「消費者の声」から具体的な方向性を導き出す

そもそも調査は戦略立案のために行うことが前提

　最後に、消費者の生の声を戦略に生かすステップについて説明していきましょう。

　「戦略」などというと、むずかしく聞こえてきてしまうかもしれませんね。少しかみくだいて言えば、戦略とは「目的を達成するために、どのように行動するかを定めたもの」です。

　酒井穣さんは『あたらしい戦略の教科書』という本のなかで、カーナビに例えて「戦略」を次のような主旨でわかりやすく説明されています。

　――カーナビは、「目的地を設定」すると、「現在地を確認」したうえで、「現在地からの最適な行き方」を教えてくれます。戦略も同じことで、現在地もわからずにビジネスの目的（目的地）にやみくもに進んでいてはなかなか到達しないので、現状を知ったうえで、進むべき最適な道のりを決めることが戦略立案になります。

　これまで説明してきた消費者へのインタビュー調査の流れで考えると、まず調査をしようと思ったときに何らかの目的があります。そして実際にインタビューを行い、その発言情報を分析して現状を把握します。

　そしてここからは、その現状を踏まえて、目的を達成するための進み方、つまり戦略を検討する段階といえます。

　ここでひとつ質問です。
　「調査は何のためにするのでしょうか？」
　簡単に言えば、「**わからないことを明らかにして、とるべきアクションを決めるため**」です。

ですが実際は、「調べっぱなし」、「情報の集めっぱなし」の調査も多いように思います。それはなぜでしょうか。私は次のように感じます。

- 調査は「情報を集めるためのもの」と思っている。
- **そもそも戦略に生かすことを考えずに、何となく実施してしまっている**

つまり調査は、そこから分析して何かを読み取ったり、戦略に生かすためのものという認識がそもそも薄く、「ただ情報を集めればOK」と無意識のうちに感じている傾向があるのではないでしょうか。

定量調査でも定性調査でも、(質を度外視すれば)情報を収集することは非常に簡単です。アンケートをつくって集めればデータはそろいますし、インタビュー調査も「発言」という情報はすぐに集まります。

話が戻るようですが、消費者の声を戦略に生かすためには、企画の段階で「どのようなアクションに生かしたいのか？」を、自分自身でしっかり認識しておくことが大事なのです。

❗ まずは企画書に立ち返り、仮説を確認

実際にインタビューをしたり、発言を分析するなかで、さまざまな刺激を受けると頭が活性化されてきます。

そして、当初考えていなかったようなアイデアが浮かんだり、「すぐにこれをしなければ……」と、何かしらのアクションへの必要性を強く感じたりすることはよくあります。

こうしたインスピレーションはとても重要で、忘れないように記録しておくことは必要です。

ですが、新しい気づきに気をとられすぎてしまい、そもそも**解決しようと思っていた課題に対する解答を出せないままになってしまうのは本末転倒**といえるでしょう。

誤解のないように言っておきますが、ある課題に対して当初考えていたアクションを必ず起こさなくてはならない、というわけではありません。最初の企画書に立ち戻ってそれを再度確認することが重要なのです。
　インタビューを実施した結果、「仮説的に考えていたアクションを起こす必要はなかった」という結論になっても、それはそれでかまわないのです。

　たとえば、売上げアップを狙ってパッケージデザインの変更を行おうと考え、新しいデザイン案からどれを採用すべきか選ぶための調査をしたとします。
　結果、現在のデザインがそのブランドの重要な価値となっていて、とくに変更する必要はなく、むしろ変更すれば既存の顧客が離れてしまうことがわかったら、「新デザインはどれも採用せず、現状のデザインを継続する」という結論になる場合もありうるのです。

⚠ 方向性を導き出す切り口の求め方

　消費者の声をきちんと聞いて分析した後は、「どのような人が、どういう理由で」という根拠がともなうので、消費者の状況がよりリアルにわかってきています。そこから、具体的な方向性を導き出すのです。
　しかし、いきなり「具体策を考えてください」と言われても、つかみどころがなくて困ってしまいますね。
　ここでも次のような「切り口」を用意しましょう。

①企画書の「インタビュー後のアクション」から考える
　もともと企画書の段階で「インタビュー後にどのようなアクションを取るか」ということを決めているはずです。
　たとえば、「消費者ニーズを明らかにする」、「商品リニューアルの方向性を決める」、「パッケージのデザインを決める」といったことです。
　それらに対する解決の立案をまず押さえておきます。

これらのアクションを考える切り口についても、あらかじめ考えられる場合もあります。

　たとえば、消費者ニーズの場合は、37ページで紹介した3段構造に分けてニーズを考えてもよいと思います。

　商品開発やリニューアルであれば、マーケティングの4P戦略のフレームワークが使えます。サービスであれば7P戦略がよいでしょう。こうした既存の戦略フレームワークを大いに活用しましょう。

既存の戦略フレームワーク

【4P戦略のフレームワーク】

商　品	価　格
流　通	プロモーション

【7P戦略のフレームワーク】

商　品	価　格	
流　通	プロモーション	
物的環境	プロセス	人

　その他、パッケージデザインなら、デザイナーや広告代理店へのオリエンテーション項目がそれにあたるでしょう。

　オリエンテーションとは、依頼主からデザイナーやプランナーなどの制作側に対し、制作物の背景や意図、要望事項などを説明することです。広告やホームページ制作などの場合も似ていると思います。

　具体的には、下記のような項目です。

- ターゲット
- (デザイン、または広告の)目的

- 訴求ポイントや表現要素
- トーン＆マナー（基調や雰囲気）
- 留意点

　企画書作成段階で考えた「アクション」はこうした定番的なものだけではないと思いますが、いずれにしても、インタビュー調査の分析で得られた洞察を活用します。
　消費者の理由情報から分析を経て導かれていますから、「何となく」ではなく、根拠のある納得感の高い戦略になるはずです。

②分析から抽出される「問題点」と「満足点」から考える
　リサーチ課題の分析から、その商品にとっての「問題点」を抽出して、そこから解決策を考える方法もあります。
　問題点は、その商品にとってネガティブな影響があると思われる要素。たとえば、「ユーザーにおいて飽きが生じている」ということが分析から浮かび上がれば、現在売上げ好調でも先々下降する可能性が高いので、早い段階で対策が必要です。
　逆に「満足点」を抽出して、その商品にとってポジティブな要素をより活用したり、ターゲットを的確に設定することなどに活用する方法もあります。

　このように、さまざまな手がかりを駆使して、課題解決のための方策を編み出します。
　むずかしいと感じたり、なかなかアイデアが浮かばないときは、ひとりで考えるのではなく、複数名でワイワイとディスカッションしながら考えると、うまくいきやすいように思います。

問題点と満足点から戦略を考える流れ

インタビュー

問題点	満足点
●―――――― ●―――――― ●―――――― ●――――――	●―――――― ●―――――― ●―――――― ●――――――

解決の方向性は何かを考える

魅力として強調していく

同じように魅力と感じそうな人をターゲット設定する

戦　略

Part 10　消費者インタビュー調査を戦略の立案に生かそう

② アンケートを実施し、情報を検証する

⚠ 定性調査と定量調査

　消費者情報を知り、戦略のヒントを得るうえでインタビュー調査はとても有用な手法です。しかし、どの調査にも言えることですが、インタビューだけですべてがわかるわけではありません。

　そこで、**インタビューで抽出したことを定量的に確認することができれば理想的な検証**になります。

　重大な意思決定になればなるほど、定性的な情報だけではなく、より多くの人数の客観的情報で分析するほうが、確実性が高まります。

　ちなみに、このように、いくつかの手法を使って違う角度から検証を行うことを、調査用語で「**トライアンギュレーション**」といいます。

　実際に企業のマーケティング業務においては、実にさまざまな調査手法で情報が集められ、それに基づいて意思決定が行われています。

定性調査と定量調査の位置づけ

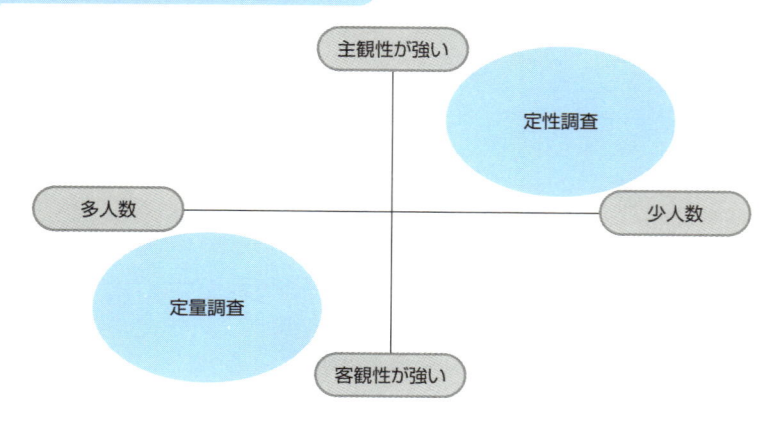

```
            主観性が強い
                │
                │         定性調査
                │
    多人数 ─────┼───────── 少人数
                │
       定量調査 │
                │
            客観性が強い
```

その際、どのような手法が用いられるかは、調査内容と時間とコストのバランスを考えながら決められます。

⚠ インタビュー調査は万能ではない

インタビュー調査は、比較的時間とコストがかからずに、情報収集ができる手法ですが、一方で次のようなデメリットもあります。

● 少人数の意見である

「経営陣を説得しようと思っても、少ない人数の声だけでは不十分」という実務担当者の声をよく聞きます。

これは確かにそのとおりで、インタビューをし、分析し、戦略立案にまで結びつけた場合でも、定量的に確認できれば強力な説得材料になるでしょう。

ですが、インタビューから得られた情報だけでは意思決定ができない、ということはありません。

少ない人数ではあっても「理由情報」が明らかになっているので、戦略を裏付ける根拠はしっかりしており、PDCAサイクル（81ページ参照）を踏まえていれば、納得できる結論を導き出すことができます。

● 主観的分析の意味合いが強く、客観性に乏しい

インタビューのような定性調査と、アンケートなどの定量調査との違いとして、よく言われるのが、主観的か客観的かということです。

インタビューの場合は、消費者の発言という情報ソースそのものが消費者自身の主観から生まれています。

アンケートなどの定量調査の場合には、解答は主観的といえますが、それが大量のデータとなることで客観的な「傾向」がわかります。その意味で、客観的といえます。

また分析も、定性調査は発言の意味を読み取って、そこから何が言える

かということを主観的に分析します。

　定量調査の場合は、結果のデータを統計ソフトなどで機械的にグラフ化したり、解析したりということができるので、より客観的だといえるでしょう（ただし、定量であっても結果の考察は分析者の主観も入ります）。

　どちらがよい、悪いということではなく、そういう傾向の違いがあるということです。

　インタビューから導き出せるのは「少人数の声を基にした、根拠を持った仮説」です。それは、主観的情報である「消費者の声」を、分析者の主観で読み解くからこそ生まれるともいえます。

　つまり、主観的であることを理解したうえで、その特性を活用することが大事なのです。

　「全体としてどうか」ということは定量的に確認しないかぎりはわかりません。しかし、アンケートなどを実施する場合にも、時間やコストの問題から実施がむずかしい状況もあると思います。

　たしかに、定量的に確認できたほうが、周囲を説得しやすいとは思いますが、あくまでもBetterであってMustではありません。状況を考慮して、その時々で最適な方法を選択することが望ましいでしょう。

❕アンケートの選択肢づくりにインタビュー情報を活用

　アンケートのような定量調査では、基本的に選択肢の範囲内でしか解答が得られません。「その他」としてオープンアンサーを設ける場合もありますが、記入されることはあまり多くないと思ったほうがいいでしょう。

　そのため、選択肢をどう設定するかで調査の成果に差が出てきます。

　では、その選択肢はどう考えればよいかというと、「予想できる範囲で極力広く」、ただし、「モレなく、ダブりなく」です。

　そこで、インタビューで得られた情報を大いに活用しましょう。

何人かに話を聞くと、そのテーマでの回答の傾向が見えてきます。その情報を選択肢づくりに活用するのです。
　また、最初からアンケートの選択肢づくりの目的でインタビューが行われる場合もあります。
　たとえば、ブランドイメージや購入理由など、消費者が「どう感じているか」ということは、実務担当者が自分で想像はできても、考える範囲は限界が生じてしまうものです。また、担当者ならではの先入観もあります。

　ある烏龍茶ブランド（仮にAブランドとします）のイメージ調査の話ですが、以前は「おいしい」とか「渋い」、「よく知られている」といった商品特徴を基にした選択肢でアンケートを行っていたそうです。
　ですが、担当者はその選択肢では競合ブランドとの違いがあまり出ていないのではないか、という仮説を持ってインタビューを行いました。
　そこで、「この烏龍茶Aブランドで思い浮かぶことを何でも挙げてください」と質問したところ、「中国」という言葉が圧倒的に多く挙がったそうです。
　そして「中国」というイメージは、「おいしい」、「本格的」というよいイメージにつながっていることも発言の理由情報からわかりました。
　他にも「茶色」など、担当者にしてみれば当たり前すぎて選択肢に入れようとは思ってもみなかった言葉が挙げられました。
　そこで再度これらの選択肢も加えてアンケート調査をしたところ、やはり「中国」というイメージがダントツで高かったそうです。

　Aブランドは、それまでも中国をイメージさせるプロモーションをしていたので、その影響があったのかもしれませんが、その後はより「Aブランド＝中国＝おいしい・本格的」というイメージの結びつきを強める消費者コミュニケーションの方向に、戦略が固まったということでした。
　その結果、よりブランドイメージが強固になっていったのは言うまでもありません。

③ 調査で得た情報を戦略立案に生かす視点

❗ 確実に言い切れなくても、推測は大事な情報

　インタビューを終えて、「たぶん課題解決の方向は○○だろうけど、今回の結果からだけでは言い切れないな〜」ということが往々にしてあります。
　そうした「推測」も、戦略の方向性として記録しておくことをおすすめします。

　インタビュー調査にしろアンケート調査にしろ、そこから導き出された戦略が「まったく推測にもとづいていない」ということはありません。
　インタビューによって明言できることがあったとしても、それはあくまで「現実とは違う状況で、少人数に聞いた結果」です。
　さらに定量的に確認したとしても、完璧な検証とはいえません。「その調査では、○○と確認できた」という事実に過ぎないともいえます。

　つまり、実務担当者の推測はとても大事な情報なのです。「たぶんこうでは？」と思ったことは、それまでの経験や業界知識などから導き出されたアイデアとして妥当であることが多いものです。
　ただし、推測であるということがはっきりわかるよう、「おそらく、○○と思われる」、「○○と推測される」といった表現で記録しておきましょう。
　推測であることが認識されていれば、「戦略を実行に移す前に、しっかり定量的に検証しよう」ということにもなります。
　また、実行の過程で予期せぬ事態が起こっても「推測がまちがっていたのかも」とすぐに気づき軌道修正がしやすくなります。

完璧な戦略を求めず、走りながら軌道修正

　私が最初にマーケティングの仕事をしたユニ・チャームでは、「走りながら考えよう！」が合言葉になっていました。

　膨大な調査分析を基に意思決定しつつも、「世の中には、やってみなければわからないことは多い」という認識だったのです。

　生理用ナプキンやオムツなどの商品は、非常に生産量が多く、パッケージひとつ変えるにも大きな投資が伴います。広告投資も莫大です。

　少しでも消費者とずれたことをすると、あっという間に売上げが下がってしまうので、どんなアクションをとるうえでも事前の調査は欠かせません。

　パッケージ上の小さなコピーを変えるときも、社内インタビューだったり、外部への委託調査だったり、規模はさまざまでしたが、必ず調査をしていました。

　ですが、**「調査でわかることには限界がある」**ということも同時に認識していたのです。

　だから、できるかぎりの調査や下調べをしたら、後は実際に"走りながら"市場の消費者の反応を見ます。そして何かあったら、すぐに軌道修正します。

　最初に立てた戦略は、あくまで"事前の情報でわかる範囲で"目的達成のためにその時点で最適と思われた道筋です。それにずっと縛られる必要はありません。

　自動車の運転であれば、「あ、思っていた風景と違う。道を間違ったかも……」と感じたら、すぐに現在地を確認し、再び最適な道を選びます。そうしたフットワークのよさが、取り返しのつかない失敗を防ぐことにつながります。

　ビジネスでは、100パーセント予測できることなどないと言ってよいでしょ

う。そう考えれば、必要なのは「**完璧な戦略**」をつくることではなく、「**その時点で最適な戦略**」を判断していくことなのです。

⚠️ 明らかになった課題にすべて取り組む必要はない

インタビューの結果、課題や問題点が数多く明らかになってくると、「あれもしなければ、これもしなければ」という状態になりがちです。

もし「インタビューで抽出された問題はすべて解決しなければ……」という考えをお持ちでしたら、それは捨ててください。

インタビューで出てきた問題は、解決しなければならないことの"候補"であって、全部が解決すべきことではないのです。

まじめな方ほど、「問題がわかっていながら無視するなんてことは、とてもできない」と思ってしまうかもしれませんね。

しかし、時間も予算も限られているなかで、すべてを解決しようというのは非現実的な話です。

「お客さまは神様です」とばかりに尽くすかのように、何でも応えようとするあまり、本来最優先でしなければならないことがおろそかになっては元も子もありません。

そんなことになったら、結果としてお客さまの期待を裏切ることになってしまいます。

ビジネスでは、人もお金も時間も限られています。企業によって得手不得手がありますし、社内事情もさまざまでしょう。

大事なことは、「**やったほうがいいこと**」を全部洗い出したあとで、「**やるべきこと**」を決めること。つまり、インタビューで**抽出された問題に優先順位をつける**ことなのです。

⚠️ 消費者の言いなりになる必要はない

「消費者の要望を叶えなければいけない」と考えてしまう人もいますが、

インタビューで得られる声は、「絶対に叶えること」ではなくて、あくまでも「消費者情報」です。

いくら消費者重視とはいっても、言いなりになる必要はありません。言いなりでいいのであれば、何の戦略も必要ありませんね。

「消費者重視の戦略」とは、消費者情報という事実を基に、実務担当者ならではの客観的視線で分析し、本当のニーズを見極めることです。

インタビューでさまざまな要望が挙がったとしても、その要望自体が重要なのではありません。**大事なのは、その要望の裏にあるニーズ**なのです。

マーケティングを生業とするからには、消費者の声をただ聞いて言いなりになるのではなく、発言情報を分析したうえで実務担当者ならではの発想力で戦略を構築したいものです。

真に消費者ニーズを捉えた戦略を立てるためにも、マーケターの意思と発想が重要だと思います。

❗ ファンの声に応えすぎると過剰品質に

「消費者の言いなりになる必要ない」ということの一面として、とくに**既存ユーザーの声を聞きすぎるあまり、過剰品質になってしまうという懸念**があります。

例として、88ページで紹介した「プレイステーション」と「Wii」の話がわかりやすいと思います。

既存ユーザーの声に応えることで、「プレイステーション」はマニアが好む高度なゲームがどんどん増えていきました。

一般の消費者は「わずらわしい思いをすることなく、ゲームを楽しみたい」、「ゲームを通じて家族や友だちと楽しい時間を過ごしたい」という気持ちがあったと思われます。

「むずかしいゲームを攻略したい」というのは一部のマニアのニーズです。「プレイステーション」は、そうしたマニアを満足させるための技術難易度は高かったかもしれませんが、一般の人から言えば過剰品質といえたのではないでしょうか。

　技術的な革新性はさほどなくても、多くの一般ユーザーの「楽しみたい」というニーズに的確に応えた、つまり過剰品質とは逆の方向に進んだことが「Wii」の爆発的なヒットの要因といえるでしょう。

　こうした過剰品質な商品は家電やIT機器など、機械製品に多く見られるように思いますが、そればかりではありません。食品や日用品などでも起こりうることです。

　想像ですが、技術者からすると、技術的に可能であれば消費者が便利と思ってくれそうな機能は、全部入れたいと思うのではないでしょうか。

　マーケティング研究者で流通科学大学学長の石井淳蔵氏は、このような状況を次のように説明しています。

　「ある時点まで、生活者の期待に及ばなかった技術。それが、生活者の期待を超えるものとなる。そして、生活者自身がその技術をうまく使いこなすということができなくなるほどになる。この状態は技術が、顧客が期待する（利用できる）レベルを上回っている、つまり『技術性能＞顧客の期待性能』であることを意味している」（『マーケティングを学ぶ』筑摩書房）

　技術者の好奇心や向上心を否定するつもりはまったくないのですが、技術性能に目が向くあまり消費者の実態から離れてしまうことは危険です。

　技術革新の際には、それが消費者ニーズと合っているのか、いま一度見極めることも必要です。

　実際にインタビューをすると、「○○の機能があればいいのに……」といった意見はよく聞かれます。とくに既存ユーザーでとても満足しているファンからそのような意見が出る傾向があります。

コラム

消費者の声を形にしても
売れるとはかぎらない

　よく「消費者の声を形にしました！」という売り文句で新商品が発売されることがあります（たとえば、私が最近目にしたものでは、多機能なカバンや育児グッズがありました）。

　ですが、そうした商品が売れるとはかぎりません。むしろ、「あれもこれも」と機能を増やすことで、これといった特徴がない、ぼんやりとした商品になりがちです。

　もちろん消費者からのアイデアを基にヒット商品につなげている企業も数多くあります。

　たとえば、熱冷却シートの「熱さまシート」や眼の洗浄剤「アイボン」など、さまざまなアイデア商品を出している小林製薬では、社内や消費者からアイデアを集めて具現化して成功をおさめていることで有名です。

　しかし、小林製薬が集めるアイデア数は年間2万数千件もあるそうです。ある意味、数の勝負であり、「とにかくアイデアを集める」こと自体がひとつのビジネスパターンとなっているので、他の企業が簡単にマネできることではありません。

　また、調査にかけて膨大なアイデアの中から有望なアイデアを絞り込み、実際に発売に至るのは年間数件で、単純に消費者の声をそのまま商品に反映させているわけではないそうです

　集めたアイデアは新商品開発のとっかかりであって、担当者の分析や考察が大きいのだと思います。

もしくは逆に、さほど興味のない人が、「言いやすい買わない理由」として、機能不足を挙げることもあります。
　しかし、そうした要望を聞きすぎると過剰品質になり、新規ユーザーを遠ざけることになるので、分析や戦略立案では注意が必要です。

　既存ユーザーの声でもっとも注意して抽出すべきは「満足している理由」です。いまのユーザーが満足している点を明らかにすることで、広告に生かしたり、ターゲット設定に生かしたりすることができます。
　新規顧客を獲得しやすくし、ファンを増やしていくために、すでにユーザーでファンとなっている人が、「なぜファンになっているか」という理由情報を活用すべきなのです。

❗「どのような人向けの戦略か」を意識する

　マーケティング戦略では、ターゲットを設定することが非常に重要です。どんな人に向けてアクションをとるかによって、戦略がまったく変わってきてしまいます。
　消費者へのインタビュー調査では、ターゲットが決まっていてそのターゲットに向けて調べる場合もありますし、そもそもターゲットを絞り込むためにやる場合もあるでしょう。
　ターゲットと思われる人を集めた場合でも、実際にインタビューしてみると一様ではなく、さまざまな人がいることがわかります。そのなかで、共通点は何か、違う点は何かを探っていきます。

　共通点があれば、そのターゲットの核となる属性になる可能性があります。違う点があれば、「こういう人には〇〇の方策を、こういう人には△△の方策を」といった、戦略パターンを使い分けることが考えられます。
　「ターゲットと思っていたが、違っていた」という場合もあります。そうした場合は、「どういう点で違っていたのか」を見極める必要があります。

そして、「今回のような人ではなく、○○な人をターゲットとすべき」という方向性が見出せます。

⚠️ 「発想のジャンプ」にも根拠は必要

新商品の開発戦略などでは理詰めで考えるだけではなく、ある程度「発想のジャンプ」が求められます（次ページのコラム参照）。業界の常識に凝り固まっていては、画期的なものは生み出せないということもあります。

しかし、それが根拠もない"思いつきの戦略"では成功はおぼつかないでしょう。たんなるギャンブルのように、"当たるも八卦、当たらぬも八卦"になってしまいます。

一方で、ヒット商品を取り上げた雑誌の記事などで、「何となくひらめいて成功した！」といった開発者ストーリーを目にすることがあります。

たしかに何かひらめいて成功した人もいるかもしれません。しかしそれは"たまたま"なのです。その背後には紹介されないあまたの失敗事例があるはずです。

「発想のジャンプ」といっても、何らかの消費者情報が根拠になっているはずです。おそらく当人は、それまで接した情報が蓄積されて、なんとなく根拠を感じていると思うのですが、周りの人にはわからないものです。

オーナー社長や個人事業主であれば、「これでいける！」と思って独断で行動しても、それが成功しようが失敗しようが自己責任といえるかもしれません。

しかし、組織の中で働くマーケティングの実務担当者には、こんなギャンブルはできないのではないでしょうか。

周囲を説得し予算を獲得するためには、必ずその**アイデアの根拠となる情報もセットにして提示する**ことが大切です。

すでに消費者情報を含めてさまざまな情報があるのですから、それほど手間のかかることではないでしょう。

「クイックルワイパー」の商品開発発想

　花王の「クイックルワイパー」は、フローリングの床のホコリが掃除機ではすっきり取りきれないという不満に対して、ある女性社員が「自社のオムツや生理用ナプキンで使われている不織布を使えば取りやすい」とひらめいて開発されたものだということです。

　不織布は細かい繊維と静電気でホコリを取りやすく、フローリングの掃除には向いていたのです。床を滑らせるだけなので、音がしないというメリットもありました。発売後爆発的にヒットし、いまはすっかり家庭用掃除具として定着しています。

　「クイックルワイパー」が発売された当時、私はオムツ・生理用ナプキンで花王に競合するユニ・チャームで働いていました。

　ユニ・チャームは不織布技術では花王に劣らない状況でしたが、「不織布はオムツやナプキンなどの水分を吸収するものに使う」という思い込みがあったのか、ホコリ掃除用に商品開発をするという発想は社内にはありませんでした。

　「クイックルワイパー」が発売されたとき、なんとも悔しい思いが湧いたことを思い出します。

　ホコリを取るシート自体は、ただの四角く切った不織布ですから、技術的にはまったくむずかしいこともありません。

　まさに消費者のニーズと自社の技術をマッチさせた「発想のジャンプ」といえます。

⚠️ 書き出されないことは、実行されない

　その他、戦略立案で強調したいことは「書き出す」ということです。

　よく言われることですが、**「書き出されないことは、実行されない」**ものです。

　私自身、「あれをやらなきゃなー」と思っても、実際の行動計画に落とさないと動き出せません。仕事だけではなく、生活上の「やるべきこと」も手帳に書かないと、ついその場の対応になってしまいます。

　緊急ではないけれどもやらなければならない、たとえば「子どもの写真の整理」や「家の中を心地よくするためのリフォーム」などはついつい後回しになってしまい、結局やらずじまいということもよくあります（自戒をこめて）。

　ビジネスにおける戦略も同じで、せっかく解決策が見つかっても、よほど緊急性が高いものでないかぎり、書き出さないと実行に移されないものです。

　ブランドイメージの醸成や既存顧客の不満対応などは、短期的には大勢に影響がないので、つい手をつけずに後回しにしてしまいがちです（そして、そのうちに忘れてしまいます）。

　しかし、長期的に見ると非常に重要なことで、本当に問題が起こったときには手の施しようがなくなる、ということになりかねません。

　企画を立てたり分析したりする作業と同様、戦略を立案する場合も、ただ頭を働かせるだけではなく、必ず手を使って書き出しましょう。

　分析の段階で書いた分析結果に「とるべきアクション」、「解決策」といった項目を書き加えると報告書として完結します。

　消費者の声から得られた、あなたならではの戦略が見えてきているはずです。書き出して、自分や周りの人の頭にしっかりとインプットすることを狙いたいものです。

ケーススタディ

マタニティ専門のウェディングドレスショップの開業に向けて

本書の最後に、これまで説明してきた消費者へのインタビュー調査の具体的な事例を紹介していきましょう。

　ケースとして取り上げるのは、11ページでも少し紹介した、マタニティ専門のウェディングドレスを製造・販売している「ジェイディ」です。
　個人事業ですが、開業資金が少ないなかで、実際にターゲットの声を聞くということを実行しました。

　そのプロセスや手法は、企業でやるのと大きくは変わりませんので、自分たちでインタビュー調査をしようとする企業の実務担当者にとって充分参考になると思います。
　企業のケースと少し違うのは、上司や周囲への説得の必要がない、という点ぐらいではないでしょうか。

ビジネスを立ち上げるきっかけ

　代表の花谷珠里さんは、「マタニティ専門のウェディングドレスショップ」というコンセプトを立て、商品開発やビジネス構築を進めていました。アイデアはあるけれども具体的な戦略に落とすのが苦手という花谷さんから、私は相談を受けました。
　花谷さんは専業主婦で、2人のお嬢さまがいます。子育ての手が離れたときに、アルバイトでウェディングドレスの仕事に関わるようになりました。
　そこで、妊娠しているお客さまがあまりにも多いことに驚いたそうです。

　そうしたお客さまの話を聞いたり、時には悩みを打ち明けられたりするなかで、妊娠中に結婚式を挙げることの大変さを実感するとともに、彼女らが

共通に心配していることがわかりました。

それは、「おなかが大きいと、せっかくすてきなウェディングドレスを着ても美しく見えないのでは……」ということでした。

妊娠がわかってから結婚式を挙げる場合、ちょうど3ヶ月ごろのつわりが厳しい時期にドレス選びをしなければならなかったり、おなかが膨らみ始めたころに挙式というパターンが多いのです。

花谷さんがこのビジネスを思い立った2006年当時、市場にマタニティ用のウェディングドレスはありませんでした。

通常のウェディングドレスでサイズの大きいものなどで代用することが多く、着心地の上でも見た目の上でも、マタニティの方に配慮したドレスとは言いがたい状況でした。

花谷さんは、「マタニティの人が着るウェディングドレス」という分野に満たされないニーズが存在することに気づいたのです。

そこで、「マタニティ花嫁さんのためのウェディングドレスショップをつくろう」と思い立ったことが事業の出発点でした。

インターネットなどから市場情報を集めて分析してみると、ビジネス環境は追い風であることがわかりました。

少子化の影響と結婚式を簡素に行う傾向が強まるなか、ウェディング市場自体は縮小を続けていましたが、なんと、結婚するカップルの4組に1組の花嫁が妊娠中であり、マタニティウェディングは増加傾向であることがわかったのです。

しかも既存のウェデングドレスショップでマタニティに特化しているところはありませんでした。

大手をはじめ、ウェデングドレスショップにとってみれば、マタニティに絞ってしまうと、当然ながらそれ以外のお客さまは利用しないため売上げ規模が小さくなってしまうからです。

個人事業主で新規参入者である「ジェイディ」にとっては、マタニティに特化しても、売上げ規模の面で問題はなく、チャンスのある市場といえました。

事業コンセプトの検討

　ビジネスのコンセプトは、「マタニティ花嫁さんのためのウェディングドレスショップ」に決まりました。

　マタニティに特化することで、市場のなかで差別化できると考えられました。

　「誰に何を売るか」ということが決まったので、次は「どのように売るか」の検討です。

　ウェディングドレスはレンタルが主流でしたが、個人事業主の花谷さんにとっては受け渡しの手間や保管場所が負担になることが予想されたため、販売だけにせざるを得ないと考えました（現在はビジネスが軌道に乗ったため、レンタルも行っています）。

　そして、販売方法は店舗サロンを持たず、インターネットのみを想定しました。ウェディングドレス業界としては他に類を見ない販売方法でしたが、店舗維持コストがかからず、またお客さまにとっても妊娠中に出歩かなくてよい、というメリットがあると考えたからです。

　価格は、販売ドレスでありながらレンタル並みの15万円程度としました。サロンや人件費などの固定費がないため、リーズナブルな価格が実現できると考えたのです。

　このような「わかっていること」から、仮説的に次ページのような事業のコンセプトをまとめました。

　しかしこの段階ではまだ、肝心の買い手であるターゲットの情報が乏しいので、意思決定するには至りません。

仮説的コンセプト

日本初のマタニティ専門ウェディングドレスショップ
〈JADEE（ジェイディ）〉

● マタニティ新婦さんをキレイに見せるドレスです。

● マタニティ新婦さんに配慮した工夫がいっぱいです。
　★おなかが伸びる
　★体型の変化に対応（産後も着られます）
　★フリーサイズ…等

● あらかじめ、パニエやベールなどトータルコーディネートされたセットでの販売です。時間をかけずに、一度ですべてがそろいます。

● ネット上でドレスが選べます。お店に足を運ぶ必要はありません。

　商品仕様や販売方法など、具体的に戦略を決めていくうえで、買い手であるマタニティ花嫁さんの声を聞くことは欠かせないと判断し、私から花谷さんにインタビュー調査を実施することを提案しました。
　そして、マーケティングの実務経験がない花谷さんと二人三脚でインタビュー実施に向けた準備を進めていきました。

調査企画の立案

　2人でいろいろ相談を重ねながら、インタビュー調査の企画を練っていきましたが、最終的に次ページに掲げたような内容となりました。

企画書内容

【1.調査目的】
　マタニティウェディングに関する情報を収集し、今後の戦略に生かす。
　マタニティウェディング経験者の実態を把握し、ニーズを抽出する。

【2.調査課題】
　マタニティウェディングの実態
　　・準備の状況
　　・困ったこと
　　・こうすればよかったと思う点
　　・マタニティウェディングならではの良さ
●ウェディングドレス選択の実態
　　・重視点
　　・困ったこと、良かったこと
●ジェイディショップおよびドレスのコンセプトに対する印象評価
　　・マタニティ専門のウェディングドレスがインターネットで買えることについてどう思うか。利用したいか。
　　・マタニティウェディングのためのコミュニティがあったら利用したいか。どのような情報がほしいと思うか。
　　・販売ドレスについてどう思うか。
　　・ネットで買えることについての不安（生地が見られない、試着できない、などに対する反応）

【3.インタビュー後のアクション】
　ショップコンセプト、HPコンテンツ作成のための参考情報とする。
　今後のドレス製作に生かす。

【4.調査概要、スケジュール】
　対象者：マタニティウェディング経験者
　　・5名を予定
　場所：花谷さんご自宅、もしくはインタビュー対象者ご自宅

インタビュー相手のリクルーティング

　話を聞きたい「実際にマタニティウェディングを経験した女性」を集めるために、私と花谷さんの友人に声をかけ、紹介をお願いしました。

　謝礼の額については個別インタビューの相場を考え、また自宅訪問の可能性が高いことからあまり低くないほうが協力してもらいやすいだろうと考え決めたのが、5,000円という金額でした。

　さっそく、私の前職の後輩の奥さまと、花谷さんの友人の友人のおふたりに協力してもらえることになりました。

　たったの2名でしたが、予算と時間を考え、まずはこの2名にインタビューをし、情報を収集することになったのです。

　マタニティウェディングを経験した方ですから、赤ちゃんがいます。

　おひとりはすでに仕事復帰されていて保育園に預けているということで、仕事の合間に職場近くの喫茶店でお話を聞きました。

　もうおひとりは専業主婦をされているということで、赤ちゃんがいるそばでは落ち着いてお話が聞けないため、ベビーシッターとして知人に同行してもらい、その方のご自宅に訪問してのインタビューとなりました。

インタビューの実施

　話す方の負担を考え、インタビューは1時間程度を予定。当初、花谷さんは「1時間ぐらいで、参考になるような話が出てくるのでしょうか」とやや不安げな様子だったことが印象に残っています。

　ですが、1時間話を聞いた情報量は思っているよりも膨大なものです。事前に調査企画を立てて、「明らかにしたいこと」をはっきりさせていることもあり、効率よく情報収集ができました。

インタビューの内容は「マタニティウェディング経験者の声」として、それから作る予定の「ジェイディ」のホームページにも掲載したいと考えていました。
　そこで、個人情報の保護をお約束したうえで、情報利用についても了承をいただきました。

　インタビューにあたっては慣れている私のほうで質問し、花谷さんには横でメモをとってもらい、気になったことは随時質問をはさんでもらうという方法をとりました。
　あとは記録です。リライターを依頼する予算がなかったので、その場でタイプはせずに録音をとりました。

　自宅に訪問した方からは、実際の挙式の写真を見せてもらい、そのときの思い出をお聞きしました。分析に直接関係するわけではありませんが、ターゲットであるマタニティ花嫁さんの立場になって想像力を膨らませるために、とてもよかったと思っています。

インタビュー後の分析

　インタビューが終わったら、まずは発言内容の書き起こしです。
　その場で書いたメモを基に、不明確な点は録音を聞きなおして、私のほうでざっくりとした発言録を作りました。
　時間も限られていたので、一言一句再現するというより、メモを補足するように主なポイントを書き出す形でした。

　本来は、しっかりした発言録を作るべきなのですが、状況によりこのように簡易的な発言録であっても充分です。
　このケースでは、話を聞いた人数が2人と少なく記憶しやすかったこと、クライアントもそばで直接ヒアリングしていたことから、詳細な発言録がなくても分析には大きな影響はありませんでした。

企画段階で考えた課題に沿って、話の内容から「何が言えるか」を分析します。主な課題に対しては、次のように分析できました。

- **マタニティウェディングの実態**
  - 仮説どおり、妊娠中のドレス選びはつわりや、時間のなさもあり、負担に感じられている。
  - 体型の変化により、ドレスが入らなくなるのでは、太って見えるのでは、という不安もある。
  - 「妊娠中でも結婚式ではキレイな自分でいたい」という思いが強い。ウェディングドレスは、マタニティ専用はないので、大き目のサイズや体型変化に対応しやすいものから選ぶ状況。ふつうは、デザイン重視で選べるところ、妊娠しているがために「体型優先」で選ばざるを得ないのが不満。
  - ホテルや結婚式場では、担当者がドレス選びをするので、個人がドレスを買って持ち込むのはむずかしい。自由度の高いハウスウェディングを行う人がターゲットとなる。

- **ジェイディショップおよびドレスのコンセプトに対する印象評価**
  - マタニティ"専門"のウェディングドレスショップは「自分に合ったドレスが選べそう」と非常に好評価。
  - インターネットでドレス選びができるのは時間がかからず体の負担もないのでうれしい。
  - 価格がレンタル並みであればドレスを購入しても構わないが、結婚式後には着ようとは思わないため「産後も着られる」要素は不要。

また、インタビューを通して次のような問題点が浮かび上がってきました。

- **インターネットで買えることについては、便利と感じる一方、試着ができないことは不安。**
  → 希望者の試着が可能な場所は必要。

- **インターネットで小さい業者にドレスを発注することは信頼性の面で不安がある。**
  → 個人ならではの信頼感を伝えるために、花谷さんの思いを前面に出すこと、親身なコミュニケーションが重要。

分析にあたっては、挙式タイプの違いも考慮しました。
　おひとりは自分でドレスを買って式場もライブハウスを借り切ってオリジナルで式を挙げた方です。最近、主流になりつつあるハウスウェディングに近い形です。
　もうおひとりはホテルでの挙式で、ドレス選びに始まり、挙式に関わるすべてをホテルの担当者にお任せしたという方でした。
　1名ずつではありますが、挙式タイプによる違いも重要な切り口となったのです。

戦略の立案

　最後に戦略立案です。分析したことに優先順位をつけ、課題解決の方向性を探りました。
　そして、最終的に出来上がったマーケティングの基本戦略は次ページのとおりです。
　インタビューを行って初めて気づかされたことがあります。それは、「産後も着られます」という特長が、ターゲットにとってまったく魅力がないということです。
　よく考えればそのとおりなのですが、本人にしてみれば、「挙式当日に自分がいちばん美しく見える」ことがドレスでは大事で、産後のことはさほど気にならないのです。
　そのため、「産後も着られる」という特長を削除しました。インタビューを行わなければ過剰な品質やサービスを付加してしまい、不要なコストがかかってしまうところでした。

　もっとも魅力と感じてもらえたのは、「マタニティウェディング"専門"」であることです。これは、私たちにとっては、やや予想外のことでした。
　ですが、ターゲットにとっては、「専門」という言葉から、「自分のためのウェディングドレス」というよさを感じ、強い魅力となると判断できたので、

「ジェイディ」マーケティングプラン

- **市場**：ウェディングドレス市場
- **事業定義**：マタニティ専門ウェディングドレスショップ
- **事業コンセプト**：マタニティ花嫁向けオリジナルデザインウェディングドレスの製作・販売
- **ターゲット**：・妊娠中で結婚式を予定している女性
  - コア：妊娠8〜9ヶ月
  - サブ：妊娠6ヶ月
  - ・首都圏近郊在住
  - ・主にハウスウェディングで自らドレスを選ぶ女性
- **商品コンセプト（応えるニーズ）**：

> 「マタニティ花嫁が結婚式をHAPPYに過ごせるドレスです」
>
> | | |
> |---|---|
> | **かわいい。** | マタニティ花嫁をキレイに見せるデザイン。大きくなったおなかだからこそかわいく見えるデザイン。 |
> | **すっきりライン。** | オリジナルパターンで、体型をすっきりキレイに見せる。バストラインに工夫。 |
> | **着心地らくらく。** | おなか周りにストレッチ素材を使用。おなかを締め付けないので安心。長時間の式の間も快適に過ごせる。 |
> | **サイズ変化に対応。** | 妊娠前の通常体型から9ヶ月までOK。サイズ変化を心配しなくてもよい。産後に着て写真撮影も可能。 |
> | **お手ごろ価格。** | レンタルドレス並みの価格で購入できる。何度も着られるからお得。お友達とシェアもできる。 |

- **マーケティング4P戦略**
  - 製品：かわいいデザインで、かつマタニティならではの配慮が施されたドレスを提供
  - 価格：レンタルドレスよりもお得な購入価格
  - プロモーション：ウェディング・マタニティ専門サイト・雑誌中心にPR活動
  - 流通：Web受付〜自宅サロンで応対〜直接お届け（もしくは宅配便）

これを「ジェイディ」のショップとしての基本コンセプトとし、ホームページでも全面的に打ち出すことにしました。

「ネットで販売」に関しては、自宅で注文やドレス選びができることは確かに身重の時期としては便利と感じてもらえました。
しかし、大事な結婚式のドレスをネット上だけで選ぶにはやはりまだ心理的な抵抗があること、また試着をしないので事後のクレームにもつながりかねない懸念があるため、希望者は花谷さんの自宅サロンでの試着ができるようにしました。
花谷さん自身も、実際にマタニティ花嫁さんとお会いして対話をしながらドレス選びのお手伝いをすることが仕事のやりがいにもつながるので、双方にとってよい方法となりました。

実行プランの策定

次に、基本戦略を基に実行プランを練りました。
「ジェイディ」の場合、最大の問題は「人的・資金的リソースが少ない」という点です。
スタッフがおらず、個人事業主として1人で自己資金の範囲内でやることが前提。そのため、できることは限られます。

インタビューの結果、「やれたらいいこと（Better）」については、いろいろなアイデアが生まれました。
たとえば「宅配試着サービス」や「ウェディングドレスのベビードレスへのリメイクサービス」などです。

たしかに、こうしたサービスが実現したら、お客さまは大喜びでしょう。しかし、花谷さん1人が動ける時間と労力を考えると、実現するのはむずかしいと判断せざるを得なかったのです。

なぜなら、こうしたBetterなことをすることで、必ずしなければいけない、Mustなこと、たとえば、「問い合わせメールにすぐにレスポンスする」、「新しいドレスデザインを準備する」といった基本的な仕事がおろそかになり、お客さまの不満を招くことが懸念されたためです。

　また、花谷さんのお子様がまだ小学生で、夜も休日も仕事をするようになっては、生活のバランスがくずれ、結果としてビジネスも長続きできなくなってしまう可能性も考えられました。
　せっかくビジネスをはじめてもオーナー自身が満たされないと、長続きはしないものです。
　もちろん、全力投球で仕事をする時期も必要ですし、ケースバイケースですが、とにかくBetterな「やったほうがいいこと」を全部やろうとしないことが大事なのだと思います。

　少し話がそれるかもしれませんが、私は現在、トレンダーズ（株）女性起業塾の講師として、ビジネスプランのアドバイスも行っています。そのなかで感じるのは、「いまは、全力投球してもいい時期か？」、「無理をしすぎていないか？」という自問自答は、とくに個人でビジネスをする場合には大事だということです。
　なぜなら「がんばりすぎる」状態は長くは続かないからです。必ずしも個人だけではなく、企業で仕事をする場合も同じかもしれませんが、組織であれば、他のメンバーに代わってもらったり、人を補充してもらうことも、いざとなれば可能です。

　個人の場合はそれがむずかしい場合が多いので、時間・コスト・体力の限界を設定し、そこを超えそうなときは、人に任せるかやめるか、といった線引きがとても大事になってくるのだと思います。

やるべきことの実行

　実行に向けては、まず「アクションリスト」を洗い出し、内容を次の3つに分けました。
　　①必ずやること
　　②運営が軌道にのって余裕ができたら検討すること
　　③人員や資金が増えたら検討すること
　そしてまずは「①必ずやること」を難なく、スムーズに行えるようになることをめざしたのです。

　一番の課題は、「マタニティ専門ウェディングドレスショップ」というビジネスの根幹ともいえる、肝心の「ドレス作り」です。
　ドレスのコンセプトはターゲットの方にとって魅力があることがわかったので、それを実現するドレスを用意できなくては、このビジネスそのものが絵に描いたモチとなってしまいます。

　ドレス製作に関しては、門外漢である私が手伝うことはできませんので、花谷さんには、「とにかく、これからはできるかぎりの時間をドレス作りに費やしてください」と、やるべきことの優先順位が高いことを強調して伝えました。

　モノを売るビジネスの場合は、「プロダクト」つまり商品そのものの品質が何よりも大事です。
　極端な言い方をすれば、魅力のあるプロダクトがあれば、ホームページや広告などの消費者コミュニケーションは、後から"いかようにでもなる"のです。

　しかし、プロダクトが力不足であれば、どんなにプロモーションをしても

買ったお客さまに満足してもらえず、リピートや口コミは広がりません。

むしろ、「うたい文句に惹かれて買ったけど、モノはぜんぜんよくなかった」ということになって、悪い口コミが広がってしまいます。

「ジェイディ」が扱うのは、ウェディングドレスという比較的高額な商品で、お客さまの晴れ舞台を彩る商品です。

また、ネットでの販売を前提にしていたこともあり、よくも悪くもネット上で評判が流れやすいことが予想されました。そのため、なおさらプロダクトにこだわる必要性がありました。

ホームページの制作

花谷さんには極力ドレス作りに集中していただきましたが、並行してホームページの制作も進めました。

結婚する女性がウェディングドレス選びをするときは、ドレスショップをあちこち見て回ったりして、時間をかけてドレス選びを楽しむものです。

しかしマタニティの花嫁さんの場合は、事情が異なります。

マタニティウェディングは突然決まるので、多くの方が仕事をしながら結婚式準備を進めていて、土日や平日の夜にしか準備にかける時間がありません。そして、おなかが大きくなりすぎない妊娠6〜7ヶ月あたりでの挙式を希望される方が多く、時間の制約もあります。

準備に動き回る妊娠3〜5ヶ月ごろはちょうどつわりがひどい時期で、苦しい思いをする花嫁さんも少なくないようです。

ですが、結婚をひかえた女性ならではの「一生の一大イベントである結婚式のウェディングドレスは妥協したくない」、「キレイに見える素敵なドレスが着たい」という気持ちは当然持っています。

そのため、自宅にいながらWeb上で、「マタニティのためのかわいいウェディングドレス」が選べることは好意的に受けとめられる可能性が高いことがインタビューからわかりました。
　マタニティ専門のウェディングドレスショップは、リアル店舗ではターゲット層の狭さから、収益面を考えると実現はむずかしいですが、Web上なら店舗費用や人件費がかからないので可能です。

　最近の消費者は一般的に「まずはウェブで検索する」ことが行動パターンとなっています。
　とくに、マタニティ花嫁さんでドレスを探している人のように、目的がはっきりしている場合は、「マタニティ専門ウェディングドレスショップ」のように特化したサイトは有利と考えられました。

　「ジェイディ」側としても、プロモーションに多額の費用を投じることはできないので、実現可能な媒体としても、Webショップが重要と考えられました。
　基本的なことですが、検索にかかりやすいようにサイト設計することもMustなこととして考えました。

　そこで、ホームページ制作にあたっては、インタビューで明らかになった次の2点をメインテーマとしました。
　　①大事なウェディングドレスを任せられるだけの"信頼感"を感じさせる。
　　②マタニティ"専門"ならではの具体的商品特長がリアルにわかる。

　ほかのウェディングドレスショップのサイトは、(来店を前提としていることもあると思いますが)高級感を漂わせるあまりイメージ重視で、どういうドレスなのかわかりにくいものが多かったのですが、「ジェイディ」では、とにかくわかりやすさを心がけました。
　そしてホームページのページデザインは、信頼感を漂わせるようなシンプ

ルで清楚な感じにし、かつ、ドレスの「マタニティ専門」ならではの特長といった情報をわかりやすく見せる工夫をしました。

　花谷さんは当初、「楽天市場やアマゾンのように、思わず商品をクリックしてしまうサイトがよいのでは」と思っていたそうです。
　たしかに、取り扱う商品によっては、こうして衝動買いを促すことも大事です。
　ですが、インタビューを行った結果、「ウェデングドレスは、できればじっくり選びたい」というニーズが浮かび上がり、さすがにウェディングドレスは衝動買いしないだろうと考えられました。
　むしろ、衝動買いを促すようなサイトのつくりにしてしまっては、信頼感を損なう恐れがあります。

　信頼感という点においては、デザインイメージも重要ですが、「そのドレスを売っている人がどういう人か？」という、売り手側の情報も大きな影響要因と考えられました（これもインタビューで確認しました）。

　無名なショップは、消費者にしてみれば「このショップが信頼に足りうるか？」という判断の根拠が少ないのです。
　そのため、信頼を得るために大きな役割を果たすのが代表となる人の「人柄」や「ビジネスに込めた思い（ミッション）」です。
　ホームページには次ページのような花谷さんの「熱い思い」を載せることにしました。

> 花谷さんの理念

"ジェイディの熱いキモチ"
〜もう、「できちゃった婚」なんて言葉はやめよう！

　はじめまして。ジェイディ代表の花谷珠里です。私はいま、マタニティブライドのためのウェディングドレス作りを進めています。

　ウェディングドレスの仕事を始めて2年。お客さまに直に接するたび「マタニティ用のドレスに大変ニーズがある」と感じずにはいられませんでした。世の中は急速に変化しているとはいえ、マタニティウェディングに対する偏見は根強く残っており、不安な気持ちで結婚の準備をなさっている孤独な新婦さんが多く見受けられます。

　ジェイディは、実際にマタニティウェディングを経験なさった方にマーケットリサーチを行いました。「皆さんの欲しいを形に！」を合言葉にドレスの製作に取り組んでいます。「間に合わせではない、マタニティブライドのための特別なドレスをできるだけたくさんご覧いただきたい！」それが、ジェイディの目標です。

　妊娠を機に結婚を決意なさった皆さまの真摯な想いに敬意を払います。どうか少しでもストレスを軽減していただきたい——それが私の願いです。そのためにマタニティ専用のウェディングドレス製作を進めています。サイズの心配のないドレス、着心地の良いドレスをコンセプトに、Webでの販売、ドレスと小物のトータルコーディネートセットでの販売など、皆さまの便利のお手伝いができることを日々考えています。

　「結婚式の日に、晴れやかな気持ちで新しい命の存在をご参列の皆様にご報告し、ともに未来の幸せを祝っていただく」——そんな新しい結婚の形が日本に定着することを、私は願ってやみません。

　これからも、ジェイディホームページを通じて、マタニティブライドの皆さまとの距離を近くし、「いま、この瞬間のお客さまの声に耳を傾けたい」というスタンスで双方向の情報提供の場をつくっていきたいと思います。

　お腹の赤ちゃんと一緒に、誇らしげに胸を張るマタニティブライドが美しいドレスに身をつつみ、世界で一番幸せな花嫁に！　あと5年以内に、こんなHappyなマタニティブライドが、日本に溢れることでしょう。あなたは、もう1人ではありませんよ。

花谷さんがドレス作りに奔走したおかげで、コンセプトを体現したウェディングドレスが出来上がりました。インタビュー調査の声を基に、マタニティ花嫁さんのニーズに応えた、専門ショップならではのウェディングドレスの完成です。
　そして、ホームページも完成し、「マタニティ専門ウェディングドレスショップ・ジェイディ」がインターネット上にオープンしました。

開業後の状況

　開業してから今日まで、とくにプロモーションに費用を投じなくても、Webからの問い合わせが途切れない状態が続いています。

　ホームページは検索にかかりやすいよう基本的な設計をしたこともあり、特別なSEO（検索エンジン対策）費はかけていませんが、検索サイトで上位に表示されることが多く、またタイトルに「マタニティ専門ウェディングドレスショップ」と入れているため、Webで検索をする人の目に留まりやすいことも問い合わせにつながっている要因と思われます。

　プロモーションにお金や時間をかけられない花谷さんにとっては、ホームページからの集客が継続的にできている理想的な状態といえます。
　そして、何よりすばらしいことは、サロンにいらしたお客さまの7〜8割の方が、実際に注文されていることです。ドレスの品質のよさもさることながら、花谷さんの心のこもった接客によるものだと思います。
　「ジェイディ」では、余裕をもってお客さまに応対するため、「月に5人まで」とお受けするお客さまの数を決めています。
　「たった5人」と思われるかもしれませんが、単価が15万円前後と高額であり、自宅をサロンとして使うなど固定費が少ないため、充分採算が取れるラインなのです。
　サービスの質を維持して、長期的に継続していくためにも、バランスがと

れているやり方といえるでしょう。

　以上ご紹介してきたケースで、インタビュー調査をマーケティングに活用していくプロセスが疑似体験できたのではないでしょうか。

　消費者の分析においても、マーケティング戦略の立案においても、大切なことは消費者のリアルな姿を描きながら作業を進めることです。そして「どうすれば、お客さまに喜んでもらえるか」という思いを持ち続けることです。

　お客さまをよりリアルに感じながらビジネスを進めるためには、あなた自身でお客さまの声を聞いてみてください。そしてお客さまの生活を五感でつかみ、「どうすれば喜んでもらえるか」想像力を働かせてください。
　こうしたひとつひとつの活動を通して、新たな商品やサービスが世の中に生まれて、私たちの暮らしが少しずつより豊かになっていくのだと思います。

MEMO

MEMO

MEMO

MEMO

著者紹介

福井遥子（ふくい　ようこ）

有限会社アイボリーマーケティング代表。マーケティング・コンサルタント。MBA（経営学修士）。
津田塾大学卒業後、ユニ・チャーム（株）、他で生理用ナプキン、大人用失禁用品、浄水器、化粧品など消費財の商品開発、マーケティング実務に携わる。手がけた新発売・リニューアルは20を超える。日本の定性調査の先駆者である梅澤伸嘉氏代表の（株）マーケティングコンセプトハウスを経て、2006年独立。現在は企業の消費者分析・戦略立案のコンサルティング業務に従事。インタビュー調査を活用し、消費者ニーズに応える実践的な戦略提案を行っている。プライベートでは3児の母。生活者の視点も提案に生かしている。

H　P　http://www.ivory-marketing.com
連絡先　fukui@ivory-marketing.com

お客さまの"生の声"を聞く　インタビュー調査のすすめ方

2010年 5月 10日　初版第1刷発行

著　者　福井遥子
発行者　池澤徹也
発行所　株式会社　実務教育出版
　　　　東京都新宿区大京町 25 番地 〒163-8671
　　　　☎（03）3355-1951（販売）
　　　　　（03）3355-1812（編集）
　　　　振替：00160-0-78270
DTP　　株式会社 ADSTRIVE
印刷　　シナノ印刷 株式会社
製本　　東京美術紙工

検印省略 © Yoko Fukui 2010 Printed in Japan
ISBN 978-4-7889-0782-9 C2034
乱丁・落丁本は本社にてお取り替えいたします。

好評発売中

ザグを探せ！ 最強のブランドをつくるために

● マーティ・ニューマイヤー 著/千葉敏生 訳 ●

「フォーカス」「差別化」「トレンド」「コミュニケーション」。この4つの観点から、シンプルでユニークなアイデアを最強のブランドに築き上げるための方法論を具体的に伝授。

[ISBN978-4-0775-1]

あっ、ひらめいた！ いい案が出せるようになるアイデア出力法

● ボブ田中 著 ●

毎日の習慣や行動を少しだけ変えることで、面白いアイデアは出せるようになる！ をモットーに、その具体的な方法をカルタ形式でまとめる。

[ISBN978-4-0780-5]

竹内流の「書く、話す」知的アウトプット術

● 竹内薫 著 ●

ベストセラーを含む100冊の本を著し、人気テレビ・ラジオ番組に出演している著者が明かす、「書く、話す」技術の数々。インプット術や考える技術も含む、知的ノウハウ大全。

[ISBN978-4-0759-1]

「一人勝ちマーケット」を狙え！

● 平林千春・廣川州伸 著 ●

成熟マーケットの中でビジネスチャンスをつかむなら、ニッチを狙え！ 誰も目をつけない、将来有望な市場のネタを見つける方法論を、具体的な成功事例豊富に詳解する書。

[ISBN978-4-0739-3]

すべての「見える化」で会社は変わる

● 長尾一洋 著 ●

戦略レベルから現場活動レベルまで、さまざまな情報の「ビジュアル化」「オープン化」「共有化」を進め、社員の意識や経営体質を変革していく具体的方法論を提示。

[ISBN978-4-0753-9]

すべての「見える化」実現ワークブック

● 本道純一 著 ●

可視化経営プロジェクトのスタートから経営コクピットの完成まで、いま注目される経営革新手法を具体的に解説した実践ノウハウ本。35種のワークシート集を別冊添付。

[ISBN978-4-0771-3]